2

供电企业生产技能人员标准化作业培训教材

LW15-252型断路器检修

福建省电力有限公司　组编

输变电

中国电力出版社
CHINA ELECTRIC POWER PRESS

内 容 提 要

本册书是按照《供电企业生产技能人员标准化作业培训教材》体系的要求，结合生产实际编写而成。本册书共分为两大部分，主要从 LW15-252 型断路器大修的作业描述、工作流程、工作质量标准与控制、作业中安全风险分析与预控等方面予以详细阐述，结合实际作业案例进行分析，并附实际作业案例相关的标准化文本及 LW15-252 型断路器说明。

本册书作者都是长期从事电力生产一线的员工，有较为丰富的现场实际经验，所列举的案例也是实际生产过程中所发生的，具有较强的生产现场指导意义。本册书可作为供电企业工作人员的培训教学用书，也可作为电力职业院校教学参考用书。

图书在版编目（CIP）数据

供电企业生产技能人员标准化作业培训教材. 输变电/福建省电力有限公司组编. —北京：中国电力出版社，2012.12

ISBN 978-7-5123-3810-4

Ⅰ. ①供… Ⅱ. ①福… Ⅲ. ①供电－工业企业管理－标准化管理－中国－技术培训－教材 ②输电－电力系统－技术培训－教材 ③变电所－电力系统－技术培训－教材 Ⅳ. ①F426.61

中国版本图书馆 CIP 数据核字（2012）第 287838 号

中国电力出版社出版、发行

（北京市东城区北京站西街 19 号 100005 http://www.cepp.sgcc.com.cn）

北京九天众诚印刷有限公司印刷

各地新华书店经售

*

2013 年 1 月第一版 2013 年 1 月北京第一次印刷

787 毫米×1092 毫米 16 开本 84 印张 1766 千字

全册定价 **232.00** 元

编　委　会

主　　任　张　磊

副 主 任　陈卫中　李功新

成　　员　叶继宏　郑佩祥　黄文英　金昌榕　于建龙

任晓辉　邱兴平　陈大凤　张　荣　洪西卿

姚　亮　林　平　宋福海　连纪文　罗　松

林　宇　林　贇

编　写　组

主　　编　李功新

副 主 编　叶继宏　金昌榕　陈大凤　张　荣

编写组组长　林　平

成　　员（按姓氏笔画排序）

王全兴　王恒山　叶立群　叶色亮　朱　菁

庄　严　庄沪生　刘志平　严有祥　李　春

李　超　李勇明　李积捷　李萌峰　杨文陵

杨志豪　杨建平　杨毓庆　连鸿松　肖颂勇

吴　达　吴志成　吴奇宝　吴辉煌　吴簪麟

邱振敏　沈明松　沈谢林　张绍明　陈　影

陈艺鑫　陈日坤　陈祥舒　陈朝晖　陈德兴

林　衡　林一泓　林志敏　林志强　林轶群

林海渊　欧世尧　欧永连　罗　松　罗　毅

金建宁　郑哲人　郑雄俊　郑黎斐　赵道阳

施　纬　施广宇　洪西卿　钱志立　翁晓锋

涂恩来　黄　亮　黄国敏　董　磊　傅智为

潘晨曦

前言

preface

为了更好地服务“五大”体系建设，提升生产技能人员良好的“职业化”行为习惯，建立与现场标准化作业生产环境一致的培训课程体系，福建省电力有限公司以现场标准化作业指导书为蓝本，组织开展生产技能标准化作业培训教材的编写工作。为确保教材的编写质量和进度，由总工程师李功新主抓此项工作，多次召集工作协调会，定期听取编写进度汇报；人力资源部负责教材编写的组织工作，运维检修部、科技信通部和调度控制中心负责教材编写的具体工作，福建省电力有限公司和基层单位技术专家组成教材编写与审定小组，公司培训中心负责教材编写框架和编写规范的制订、编写进度跟踪及其他协调工作。

本套教材集中了福建省电力有限公司众多专家学者的智慧，采用了全新的组织架构，突出了基于现场标准化作业的培训特色。本套教材分为配电专业、输变电专业和二次专业三本书，包括 91 项现场标准化作业项目（子分册），具有很强的针对性和实用性。各项目（子分册）分为两部分：第一部分介绍了各项目的工作流程、工作质量标准与控制、危险点分析与预控、管理与记录要求、作业案例等；第二部分罗列了标准化作业指导书等标准化作业文本，并结合第一部分的作业案例说明了标准化文本的填写规范。部分项目（子分册）还在附录部分对设备等内容进行了说明。

其中，配电专业分为架空线路、配电设备、计量装置及其他设备，由福建省电力有限公司运维检修部高级工程师姚亮担任编写组长，福州电业局、厦门电业局、莆田电业局、泉州电业局、漳州电业局、龙岩电业局、三明电业局、南平电业局、宁德电业局、福清电力公司、石狮电力公司、晋江电力公司、南安电力公司、长乐电力公司等单位的专家参与编写工作。输变电专业分为开关类、线圈类和架空线路及电缆，由福建省电力有限公司运维检修部高级工程师林平担任编写组长，福建省电力科学研究院、检修分公司、福州电业局、厦门电业局、莆田电业局、泉州电业局、漳州电业局、龙岩电业局、三明电业局等单位的专家参与编写工作。二次专业分为继电保护、综合自动化、直流系统和电力通信，由福建省电力有限公司调度控制中心高级工程师宋福海、科技信通部高级工程师连纪文担任编写组长，福建省电力科学研究院、检修分公司、信息通信分公司、福州电业局、厦门电业局、莆田电业局、泉州电业局、龙岩电业局、三明电业局、南平电业局等单位的专家参与编写工作。

本册由福建省电力科学研究院林一泓担任编写组长，三明电业局郑黎斐、吴辉煌、李勇明等编写；福建省电力有限公司运维检修部林平主审，福建省电力科学研究院傅智为、福建省电力检修公司赵道阳、福州电业局李积捷、翁晓锋、厦门电业局黄亮、泉州电业局庄严、莆田电业局张绍明、龙岩电业局邱振敏、施纬等参审。

本教材在编写、审定过程中得到了福建省电力有限公司有关单位领导和专家的大力支持和帮助，在此一并感谢。同时，也感谢中国电力出版社的大力支持。

由于编者能力所限及编写时间仓促，难免存在疏漏之处，恳请各位专家和读者提出宝贵意见。

contents **目录**

第一部分

标准化作业培训

1 作业描述

根据 LW15-252 型断路器大修标准化作业指导书，介绍 LW15-252 型断路器大修工作中，对 LW15-252 型断路器大修工作的工序要求及相关安全注意事项。通过流程、操作要点讲解和案例解析，了解 LW15-252 型断路器大修的危险点预控措施、管理要求，掌握 LW15-252 型断路器的检修技能、工艺标准和质量要求。

2 工作流程

LW15-252 型断路器大修的工作流程如图 1-1 所示。

3 工作质量标准与控制

3.1 引用标准

GB 1984—2003 《交流高压断路器》
GB/T 11023—1989 《高压断路器设备 SF_6 气体密封试验导则（仅 SF_6 断路器）》
GBJ 147—1990 《电气装置安装工程：高压电器施工及验收规范》
DL/T 596—1996 《电力设备预防性试验规程》
DL/T 639—1997 《SF_6 电气设备运行、试验及检修人员安全防护细则（仅 SF_6 断路器）》
DL/T 593—2006 《高压断路器设备和控制设备标准的共用技术条件》
DL 5009.3—1997 《电力建设安全工作规程（变电所部分）》
Q/GDW 168—2008 《输变电状态检修试验规程》
Q/FJG 10093—2008 《福建省电力有限公司输变电设备状态检修试验规程实施细则》

3.2 质量控制

3.2.1 接触面处理工艺要求

导电接触面镀银层用清洗剂清洗干净，如烧蚀严重，应予以更换。非镀银导电接触面用 0 号砂纸砂光后清洗干净。

3.2.2 清洗工艺要求

对金属零部件应使用煤油、汽油等不会造成腐蚀损伤的清洗剂；非金属零部件应使用无水乙醇（酒精）。清洗后的零部件表面应擦拭干净。

3.2.3 润滑油封工艺要求

润滑前，应对传动部位零部件进行清洗，再均匀涂抹二硫化钼锂基润滑脂，禁止戴棉制手套及使用毛刷。

3.2.4 除锈、防锈工艺要求

除锈时，用钢丝刷将设备构架、外壳氧化层去掉，用铁砂布细加工彻底除锈。防锈时，先刷一遍底漆，后刷两遍防锈漆，每一遍刷油漆间隔时间以漆干为准，每一遍刷油漆应均匀、不起泡、厚薄度一样，无遗漏处。

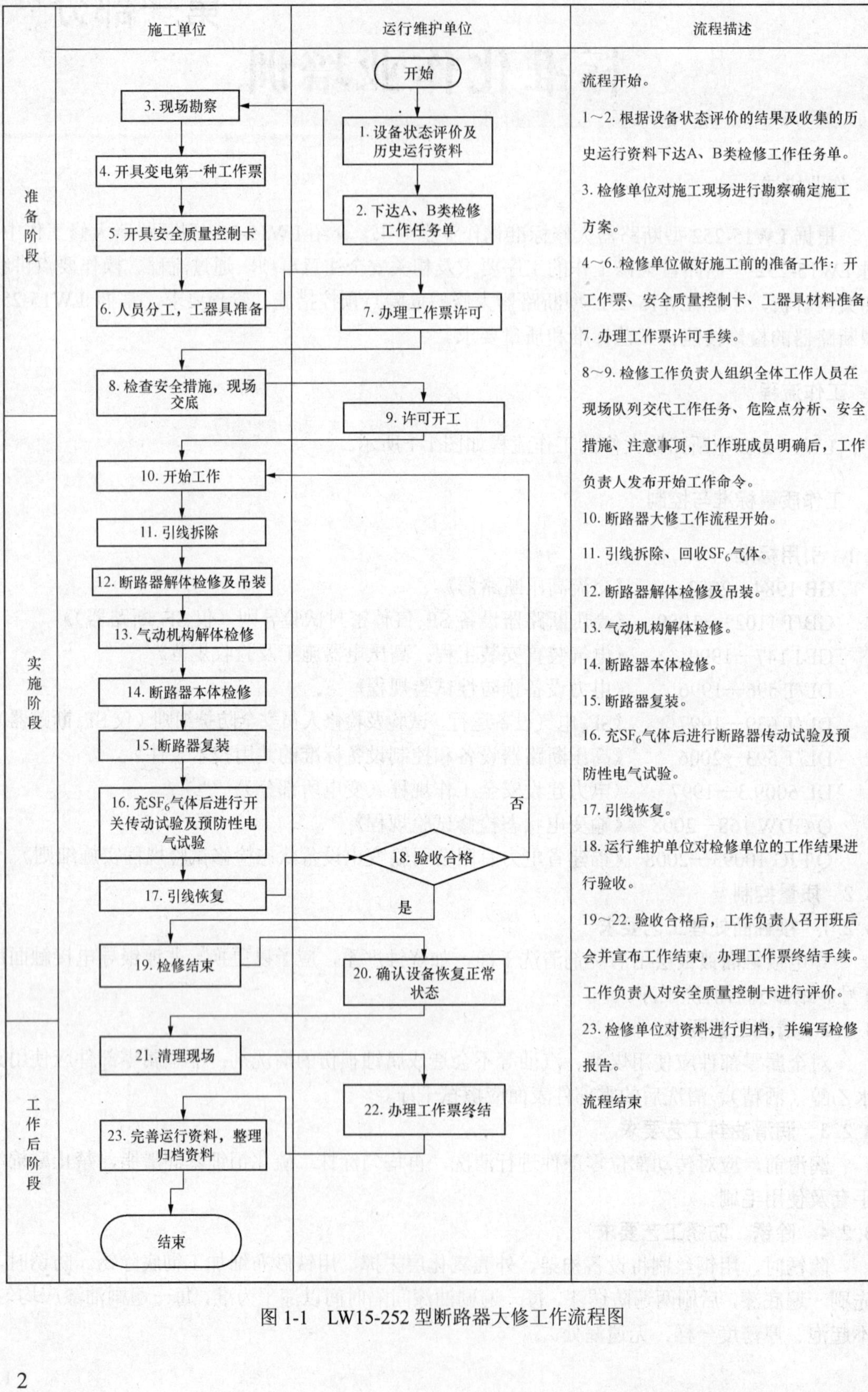

图 1-1　LW15-252 型断路器大修工作流程图

3.2.5 气动机构及断路器的弹性部件检查工艺要求

弹性部件无弹性疲劳，形变长度符合要求，部件检查清洗后，在其表面均匀涂抹少量二硫化钼锂基润滑脂。

4 安全风险分析与预控

4.1 危险点1：人身触电

事故案例

3月24日，××电业局××变电站110kV郭北线和110kVⅠ、Ⅱ母线停电，郭北线断路器、线路隔离开关、电流互感器、旁路隔离开关和母线Ⅰ隔离开关小修，9点左右，办理完毕工作许可手续，检修人员开始工作，由于安全措施不完善，检修人员鲍××误登带电的110kV郭北线母线Ⅱ隔离开关清扫，清扫母线侧带电绝缘子时，触电烧伤。烧伤面积40%，其中一度烧伤占60%，二度烧伤占30%，三度烧伤占10%。同时造成110kV母差保护动作，1、2号主变压器1711、1712断路器和郭无线1715断路器、郭惠线1716断路器跳闸。

防范措施

（1）防止误入带电间隔、误登带电构架发生触电。

1）开工前，工作负责人应在作业现场进行安全技术交底，明确停电范围、邻近带电部位和现场危险点。迟到人员、新增人员必须补充交底后，方可参加工作。

2）作业现场安全围栏设置必须规范，标示清晰、醒目；检修设备与带电设备应有效隔离，严禁将带电设备构架围入工作范围。严禁工作人员越过或移动围栏。

3）作业人员攀登设备构架、杆塔前，应认真核对设备名称、编号、位置，检查现场安全措施无误后方可开始。

（2）防止安全距离不足及感应电触电。

1）停电作业必须严格执行停电、验电、装设接地线等保证安全的技术措施。

2）在变、配电站（断路器站）的带电区域内或临近带电线路处，禁止使用金属梯；搬动梯子、管子等长物时，应放倒两人搬运。

（3）防止低压作业触电。

1）各种电气设备和电动工具，其金属外壳必须可靠接地。电动工具使用时应做到“一机一闸一保护”。使用金属外壳的电气工具时应戴绝缘手套。

2）施工检修（试验）电源应安装剩余电流动作保护装置，使用前应检查试验，确保能正确动作。严禁用导线直接插入插座取得电源。

（4）防止倒送电触电。

1）双电源和自备电源用户线路的高压系统接入点应有明显断开点，作业时应将其接入点断路器、隔离开关断开，防止用户设备反送电。

2）工作地段各端和有可能送电到停电线路工作地段的分支线（包括用户），都要停电、验电、装设工作接地线。

4.2 危险点2：高处坠落

事故案例

2月15日，北京某变电公司检修人员在×××变电站检修隔离开关时，支持绝缘子突然从根部断裂，造成检修人员高处坠落死亡；同年12月9日，湖北某供电公司修试部在220kV××变电站进行220kV 022隔离开关完善化改造工作中，检修人员从搭建在隔离开关支持绝缘子上的梯子爬至支持绝缘子顶端，并将安全带系在隔离开关导电折架尾部，在V相工作的一名检修人员在用扳手松开引线螺丝过程中，该相支持绝缘子突然从根部断裂，检修人员随隔离开关坠落至水泥地面，隔离开关动触头打压在其胸部而死亡。

防范措施

（1）防止高处作业安全措施不完善导致坠落。

1）高度超过1.5m处作业，应使用安全带。在杆塔上作业，应使用有后备绳或速差自锁器的双控背带式安全带。

2）高处作业区周围的临边、孔洞、沟道等应设盖板、安全网或围栏，同时应设置安全标志，夜间还应设红灯示警。

3）在未做好安全措施的情况下，不准在不坚固的结构上（如石棉瓦、油毡、彩钢板等轻型或简易结构的屋面）进行工作。

（2）防止登高工器具不合格或使用不当导致坠落。

1）登高前，应先检查登高工具、设施，如脚扣、安全带、梯子和爬梯等完整牢靠。

2）高处作业，安全带的挂钩或绳子应挂在结实牢固的构件或专为挂安全带用的钢丝绳上，应采用高挂低用的方式；在转移作业位置时不得失去安全带保护。

3）安全带禁止系挂在移动或不牢固的物件上（如隔离开关、支持绝缘子、瓷横担、未经固定的转动横担、线路支柱绝缘子、避雷器支柱绝缘子等）。

4.3 危险点3：防止物体打击和机械伤害事故

事故案例

3月5日，××电力建设有限公司在TV更换工作中，工作负责人没有认真履行现场安全监护与指挥职责，站在起吊重物下方直接参与作业，同时因葫芦下钩墙板焊接工艺不良，局部严重虚焊，轴用弹簧挡圈两端槽深不够，导致葫芦下挂钩轴用弹簧挡圈脱落，墙板突然崩裂，正起吊的TV坠落压在作业人员双腿上部，造成一起人身死亡事故。

防范措施

（1）防止高处落物伤人。

1）进入高处作业现场，必须戴安全帽。

2）高处作业时，必须使用工具袋，并在使用前进行外观检查；高空落物区下方不得堆放工具、材料。

3）高处作业点下方如有人员往来，工作地点下面应有围栏，禁止无关人员在工作地点的下方通行或逗留。

4）在格栅式的平台上工作，为了防止工具和器材掉落，应采取有效隔离措施，如铺设木板等。

（2）防止重物倾覆、碾压伤人。

1）运载重物不得人货混装。

2）人工搬运重物，人力应足够。重大物件不准直接用肩扛运。雨、雪后抬运物件时应有防滑措施。

（3）防止起重伤害。

1）起吊重物时，必须有专人指挥。起吊前应检查起重机械及其安全装置。作业前要进行“三核对”（即核对吊车吨位和起吊绳具满足荷载要求；核对吊车摆放位置和吊臂仰角；核对吊臂活动范围与设备带电部位安全距离满足规程规定）。风力达到六级及以上时，不得进行起吊作业。

2）起吊过程，不得解开起重机吊钩防止脱钩的保险装置。起吊重物就位前，不得解开吊装索具。禁止使用起重机械起吊重量不明物体和超负荷起吊。作业时，起重机机身倾斜度不准超过制造厂的规定。

3）在起吊过程中，受力钢丝绳的周围、上下方、内角侧和起吊物的下面，严禁有人逗留和通过。吊运重物不得从人头顶通过，吊臂下严禁站人。

4）起吊电杆等长物件应打临时拉线，防止突然倾倒。两台及两台以上链条葫芦起吊同一重物时，重物的重量应不大于每台链条葫芦的允许起重量。

5）重量达到起重设备额定负荷 90%及以上，以及起重设备在带电导体下方或距带电体较近时，应制订专门的安全技术措施，经本单位分管生产的领导（总工程师）批准，方可作业。

6）在变电站内施工时，起重机车轮、支腿的前端外侧与沟、坑边缘的距离应大于沟、坑深度的 1.2 倍；支腿应撑在枕木上。邻近带电设备施工，车身应使用不小于 $16mm^2$ 的软铜线可靠接地。

7）在街道、马路上施工时，应设围栏，并设置警示标志牌。不准在暗沟（包括电缆沟）、地下管线等上面作业；不能避免时，应采取铺设钢板等防护措施。

5 管理与记录要求

（1）在现场施工之前，必须在电力生产门户（GPMS）系统内开具变电站电气第一种工作票及安全质量控制卡，并在工作现场充分发挥工作票及作业卡的工作指导作用。

（2）在现场工作开始前，工作负责人及工作班成员应对即将进行的工作任务、停电范围及安全措施了解清楚，方可参与工作。

（3）工作人员到达工作现场后，在工作前工作负责人应根据工作票仔细核对现场安措布置情况，并对工作班成员进行安全交底。

（4）当工作结束后，工作班应清扫、整理现场。工作负责人应周密地检查，待全体人员撤离工作地点后，再向运行人员交待所修项目、发现的问题、试验结果和存在的问题等，并与运行人员共同检查设备状况、状态，有无遗留物件，是否清洁等，然后办理工作终结手续。

（5）检修记录、缺陷流程运转、大修报告编写上传、完成时限录入到 GPMS 系统中，办理工作终结手续，并完成设备作业后状态评价。

（6）工作票交底现场录音上传录音系统。

（7）工作票、安全质量控制卡等资料归档。

（8）编写大修总结报告并归档。

6 作业案例

××变电站 220kV××线 218 断路器大修。现场接线如图 1-2 所示。

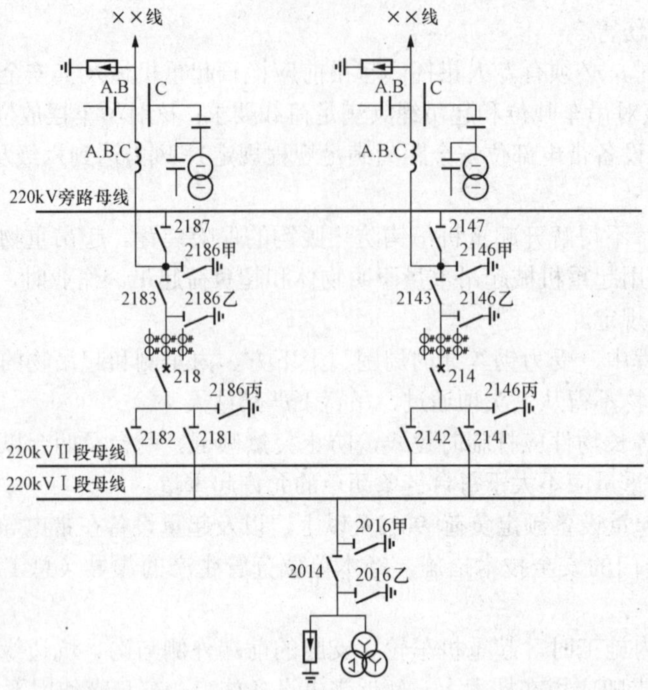

图 1-2　××变电站 220kV××线 218 断路器大修现场接线图

6.1　作业前准备

6.1.1　现场勘察

工作前，工作负责人组织有关人员对作业现场的环境、条件、危险点进行勘察，应查看接受的任务是否与现场相符，了解作业现场的条件、环境（草拟现场示意图），初步确定作业方式，并开具现场勘察单。

6.1.2　技术准备工作

检修前应准备好需检修断路器的资料，如产品手册、电气原理图等；熟悉 LW15-252 型断路器技术资料，明确有关技术要求及质量标准。

对断路器的安装情况、运行情况、故障情况、缺陷情况及断路器的密封情况等方面进行详细、全面、认真的调查、分析，以判定断路器的综合工况及运行可靠性，为具体检修方案的制订打好基础。

通过对检修前设备的状态评价，制订出断路器具体的检修方案。检修方案应包含断路器检修的具体内容、标准。

断路器检修方案及内容确定后，应做好检修所需的备品、备件、检修专用工装、工具等准备。

6.1.3　检修工器具及材料准备

（1）按照检修项目要求，准备工器具、材料以及个人劳保防护用品。检查检修工具，如钳子、扳手、螺丝刀等外裸导电部分是否采取绝缘包扎。

（2）现场做好安全、防火措施。

6.1.4　组织学习并开票

根据工作任务，组织工作人员学习标准作业指导书，开具变电站第一种工作票及安全质量控制卡。

6.1.5　经工作许可后开始工作

（1）召开班前会。根据当天工作量及作业地点，工作负责人在作业前将工作任务、人员进行分工，交待作业标准等。工作负责人在确认所需布置安全措施已完备后，宣读工作票及安全质量控制卡进行安全交底。工作人员了解危险点及安全措施后，工作人员在工作票及安全质量控制卡中交任务、交安全措施栏签名确认。

（2）根据现场情况布置现场措施。

（3）停电、验电、装设接地线。

6.2　作业中控制

（1）修前检查。

1）本体部分。

① 检查支持瓷套和灭弧室瓷套外表面应无污垢沉积，无破损伤痕，法兰胶装处及法兰无裂纹。

② 检查本体所有螺栓,螺母应无松动和锈蚀（包括本体与机构箱连接螺栓）。

③ 检查分、合闸指示是否到位并与断路器位置相符。

2）机构部分。

① 检查密度表、气体压力、逆止阀和呼吸器（包括机构箱体和本体）。

② 检查机构箱底部应无碎片、异物及油迹，对机构内所有部件进行外观检查。

③ 检查机构箱内所有螺栓和插头，检查所有电器元件和二次线。

④ 检查压力表指针位置。

⑤ 检查加热器和门灯。

⑥ 检查机构箱密封情况，达到防尘、防水要求。

3）空气控制系统。

① 检查空压机油位及油质，曲轴箱有无裂纹。

② 检查缓冲器有无漏油。

（2）修前试验。

1）SF_6气体漏气率测量（可参照历史补气记录）。

2）SF_6气体微水、纯度测量。

3）回路电阻测量。

4）断路器机械特性测量，包含行程曲线等。

（3）拆卸断路器。

（4）单极断路器的解体。

（5）灭弧室零部件解体检查及处理。

（6）组装断路器本体。

（7）操动机构检修。

1）二次元件的检修。

2）空气控制系统检修。

3）传动系统的检修。

4）SF_6气体系统检查。

5）缓冲系统的检修。

6）机构箱的检修（含涂抹防水胶）。

（8）断路器的整体装配。

（9）大修后的检查、试验。

（10）安装、调试、试验完成后的最终检查。

1）设备安装、调试、试验完成后，做最终检查。

2）检查 SF_6 气体压力及空气系统压力是否正常，并记录。

3）清理工作现场。

（11）验收。

1）检修人员作业质量自验收。

2）运维人员验收确认。

（12）办理工作票终结，在 GPMS 中录入检修、消缺情况。

6.3 作业后小结

（1）工作完毕后，召开班后会，总结工作情况。

（2）工器具及材料清点后入库。

（3）根据修试内容，编制大修报告，并上传至电力生产门户（GPMS）。

（4）在 GPMS 系统中对作业文件进行归档、评估。

（5）将安全交底和班后会录音上传至录音系统，并做好登记。

（6）将安全质量控制卡、工作票等文件归档。

思考与练习

1．断路器在大修前、后，为什么要进行速度测量？

2．断路器大修后，需要做哪些试验？

3．大修后，SF_6 气体产生的废弃物应如何处理？

第二部分 标准化作业文本

1 标准化作业指导书

××变电站××断路器大修标准化作业指导书

编写：_______________ _____ 年___月___日

审核：_______________ _____ 年___月___日

批准：_______________ _____ 年___月___日

工作负责人：

作业日期： 年 月 日 时至 年 月 日 时

××××公司

1 范围

本指导书适用于 220kV LW15-252 型断路器大修。

2 引用文件

GB 1984—2003 《交流高压断路器》
GB/T 11023—1989 《高压断路器设备 SF_6 气体密封试验导则（仅 SF_6 断路器）》
GBJ 147—1990 《电气装置安装工程：高压电器施工及验收规范》
DL/T 596—1996 《电力设备预防性试验规程》
DL/T 639—1997 《SF_6 电气设备运行、试验及检修人员安全防护细则（仅 SF_6 断路器）》
DL/T 593—2006 《高压断路器设备和控制设备标准的共用技术条件》
DL 5009.3—1997 《电力建设安全工作规程（变电所部分）》
Q/GDW 168—2008 《输变电状态检修试验规程》
Q/FJG 10093—2008 《福建省电力公司输变电设备状态检修试验规程实施细则》

3 准备工作

3.1 准备工作安排

√	序号	内　容	标　准	责任人	备　注
	1	开工前 10 天，向有关部门上报本次工作的材料计划	根据摸底时设备状况及需执行的反措计划		
	2	在工作前 7 天提交相关停役申请			
	3	开工前 3 天，准备好施工所需仪器仪表、工器具、相关材料、相关图纸及相关技术资料	仪器仪表、工器具应试验合格，满足本次施工的要求，材料应齐全，图纸及资料应符合现场实际情况		
	4	开工前确定现场工器具摆放位置	现场工器具摆放位置参考定置图，确保现场施工安全、可靠		
	5	根据本次作业内容和性质，组织检修人员学习本指导书	要求所有工作人员都明确本次工作的作业内容、进度要求、作业标准及安全注意事项		
	6	填写第一种工作票，在开工前一天交值班员	工作票应填写正确，并按《电业安全工作规程》执行		

3.2 人员要求

√	序号	内　容	责任人	备　注
	1	现场工作人员的身体状况、精神状态良好		
	2	作业辅助人员（外来）必须经负责施教的人员，对其进行安全措施、作业范围、安全注意事项等方面施教后方可参加工作		
	3	特殊工种（吊车司机、电焊工）必须持有效证件上岗		

表（续）

√	序号	内　　容	责任人	备 注
	4	所有作业人员必须具备必要的电气知识，基本掌握本专业作业技能及《国家电网公司电力安全工作规程（变电部分）》的相关知识，并经国家电网公司电力安全工作规程考试合格		
	5	作业负责人必须有一定工作经验、熟悉《国家电网公司电力安全工作规程（变电部分）》的相关知识、熟悉工作范围内的设备情况，并经工区（所、公司）生产领导书面批准的人员担任		

3.3 备品备件

√	序号	名　称	规　格	单位	数量	备 注
	1	O 形圈	8KA.370.483	个	6	
	2	O 形圈	8KA.370.493	个	6	
	3	O 形圈	8KA.370.438	个	3	
	4	O 形圈	8KA.370.439	个	6	
	5	O 形圈	KA8 185×8.4	个	12	
	6	O 形圈	KA8 22×2.4	个	10	
	7	O 形圈	KA8 245×8.4	个	3	
	8	O 形圈	KA8 355×8.4	个	3	
	9	O 形圈	KA8 46×3.5	个	3	
	10	O 形圈	KA8 80×5.7	个	1	
	11	O 形圈	KA8 10×1.9	个	12	
	12	不锈钢垫圈	GB97 ϕ10	个	24	
	13	不锈钢垫圈	GB97 ϕ12	个	24	
	14	不锈钢垫圈	GB97 ϕ16	个	96	
	15	密封垫	8KA.950.711	个	3	
	16	密封垫	8KA.370.433	个	18	
	17	密封垫	HJ8-1	个	1	
	18	密封圈	8KA.370.434	个	12	
	19	密封圈	8KA.370.531	个	1	
	20	密封条	8KA.370.442	m	18	
	21	垫圈	8KA.950.718	个	2	
	22	垫圈	8KA.950.720	个	4	
	23	垫圈	8KA.950.721	个	1	
	24	垫圈	8KA.950.719	个	1	
	25	插座	RE 250V 5A	个	2	
	26	电动机起动停止压力断路器	YWK-100	个	1	ON：1.45MPa OFF：1.55 MPa

表（续）

√	序号	名　　称	规　　格	单位	数量	备　注
	27	等电位片	WQV6/10	个	7	
	28	防跳继电器	JZC3-22Z（DC220V） +LA1-D22　特 1b	个	3	DC220V
	29	非全相保护继电器	JZC3-40Z（DC220V） +LA2-D22	个	1	DC220V
	30	分闸线圈		个	6	
	31	辅助开关	LA2-D22	个	1	
	32	辅助开关	LA1-D22	个	6	
	33	高压螺塞		个	3	
	34	合闸线圈		个	3	
	35	计数器	J114N	个	3	
	36	加热器	SP-406B　250W	个	9	
	37	交流继电器	C45N-4 3P 16A+OF	个	1	
	38	静弧触头	8KA.551.525	个	3	
	39	就地/远方转换开关	F-20/P.10	个	1	
	40	直流空气断路器	C45N-2 2P 16A+OF	个	4	
	41	开口销	GB91　16×30	个	2	
	42	开口销	GB91　2×28	个	4	
	43	开口销	$\phi 4\times 50$	个	30	
	44	中间继电器	JZC3-22Z（DC110V） +LA1-D22 特 1b	个	1	DC220V
	45	压力继电器	YWK-100	个	1	ON：1.20MPa OFF：1.30 MPa
	46	交流接触器	LC1-D0910Q5C	个	1	
	47	热继电器	LR2-D01310C	个	1	
	48	直流接触器	CZX2-16ZS DC220V	个	1	
	49	控制阀	5KA.455.153	个	1	
	50	内六角螺栓	GB70 M8×20 8.8 级	个	18	
	51	尼龙螺母	GB889 M12×1	个	1	
	52	喷口	8KA.425.014	个	3	
	53	热镀锌螺栓	GB30 M16×35-Q	个	24	
	54	转换开关	F-20Z/B.5	个	1	
	55	灭弧瓷套	8KA.595.074	个	3	
	56	温湿度控制器	KS-1A	个	3	ON:5℃ OFF:15℃
	57	吸附剂	F-03	kg	3	
	58	橡胶条	8KA.754.049	m	3	
	59	橡胶条	8KA.754.050	个	3	
	60	圆柱销	8KA.993.228	个	3	
	61	照明插座控制自动断路器	C45-2 1P 10A+OF	个	2	

表（续）

√	序号	名　　称	规　　格	单位	数量	备　注
	62	直流电动机控制自动断路器	C45-4 2P 16A+OF	个	1	
	63	重合闸操作闭锁压力断路器	YWK-100	个	1	ON：1.43MPa OFF：1.46 MPa
	64	轴承	F-1010	个	2	
	65	轴用弹性挡圈	GB894 ϕ13	个	10	
	66	轴用挡圈	GB894 ϕ19	个	12	
	67	转换断路器	HL18921-G3	个	6	
	68	自动断路器	C45N-2 1P 10A+OF	个	3	
	69	10 号航空液压油		L	5.4	
	70	OF 报警断路器		个	9	
	71	SF_6低气压报警辅助继电器	JZC3-22Z（DC110V）+LA1-D22 特 1b	个	1	DC220V
	72	SF_6低气压闭锁辅助继电器	JZC3-22Z（DC80V）+LA1-D22 特 1b	个	1	DC110V
	73	电阻 60Ω	RX20-30	个	3	
	74	电阻 70Ω	RX20-30	个	6	
	75	电阻 1.2kΩ	RX20-30	个	5	
	76	螺母	8KA.940.330	个	6	
	77	六氟化硫配管	5KA.175.961	个	6	
	78	分子塞		个	3	厂家提供
	79	电阻 13Ω	RX20-30	个	3	DC110V
	80	电阻 25Ω	RX20-30	个	6	
	81	电阻 370Ω	RX20-30	个	5	

3.4 工器具

√	序号	名　　称	规　　格	单位	数量	备　注
	1	游标卡尺	150mm	把	2	
	2	钢板尺	300～600 mm	把	2	
	3	水平尺	350mm　0.003	个	1	
	4	电动扳手	～220V（12～24mm）	把	2	
	5	活扳手	18″	把	2	
	6	梅花扳手	5.5～30mm	套	2	
	7	开口扳手	6-PCS 6～22mm	套	3	
	8	内六角扳手	3～17mm（9 件）	套	1	
	9	套筒	5.5～32mm	套	2	
	10	螺丝刀	200～300mm	把	各 3	
	11	锤子	2.5 磅	把	2	
	12	绝缘梯子	2、6m	架	各 2	
	13	皮带冲子	ϕ2～36mm	套	1	

表（续）

√	序号	名　称	规　格	单位	数量	备　注
	14	钢冲凿子	GZ-10	套	1	
	15	内、外卡		把	各3	
	16	绝缘检修平台	6m	套	1	
	17	钢锯		把	2	
	18	台钳	150mm	台	2	
	19	链条钳	1000mm	个	2	
	20	管钳	650mm	把	2	
	21	线锤		个	2	
	22	什锦锉	400mm	套	1	
	23	板锉	300mm	把	2	
	24	圆锉	200mm	把	2	
	25	半圆锉	150mm	把	2	
	26	帆布蓬	4m×4m	块	2	
	27	烘箱	2500W	台	1	
	28	电吹风	1500W	把	1	
	29	吊车	8t	辆	1	
	30	真空泵	2XZ-170	台	1	带逆止阀
	31	SF_6气体回收装置		台	1	带逆止阀
	32	断路器特性测试仪		套	1	
	33	电源箱	DYX-500V	个	1	
	34	手枪电钻	ϕ13	把	1	
	35	钻头	ϕ2～13	合	2	
	36	防毒面具		套	3	
	37	SF_6防护服		套	3	
	38	干湿温度计		个	2	
	39	吸尘器		台	1	
	40	SF_6充气装置		个	6	
	41	氧气管	ϕ40mm	m	30	补充气体用
	42	减压表		只	1	充气用
	43	万用表		块	1	
	44	电焊机	DX-200	台	1	
	45	电焊手套	D-2	副	1	

3.5　材料

√	序号	名　称	规　格	单位	数量	备　注
	1	氮气	99.99%	瓶	2	
	2	氧气		瓶	1	
	3	SF_6气体		瓶	1	

表（续）

√	序号	名　　称	规 格	单位	数量	备　注
	4	乙炔		瓶	1	
	5	密封硅胶		瓶	4	
	6	砂布	0号	张	6	
	7	砂布	00号	张	20	
	8	百洁布		块	10	
	9	白布		m	10	
	10	擦拭布		kg	10	
	11	无毛纸		卷	10	
	12	755清洗剂		瓶	10	
	13	二硫化钼润滑脂		罐	1	
	14	油漆	红、绿、黄	kg	各1	
	15	防锈漆		kg	4	
	16	银粉漆		kg	10	
	17	钢丝刷		把	3	
	18	毛刷		把	30	
	19	乳胶手套		副	20	
	20	塑料布		m	10	
	21	铁丝	#8	kg	10	
	22	白麻绳		m	30	
	23	起吊绳套	2t	根	2	
	24	尼龙绳	ϕ8 mm	m	30	
	25	生料带		卷	2	
	26	绝缘胶带		卷	1	
	27	白布带		卷	5	
	28	汽油	#90	kg	30	
	29	无水乙醇		瓶	5	
	30	干粉灭火器	1211	只	2	
	31	锯条		条	10	
	32	电焊条	ϕ3.2	kg	5	
	33	四芯电源线	$2.5mm^2\times4$	m	100	
	34	塑料花线	$2mm^2$	m	20	
	35	厌氧胶		支	6	
	36	微碳润滑脂		罐	1	
备注：（特殊需要的材料、工器具、备品备件）						

3.6 220kV××变××线218开关吊装及机构大修作业定置图及围网图

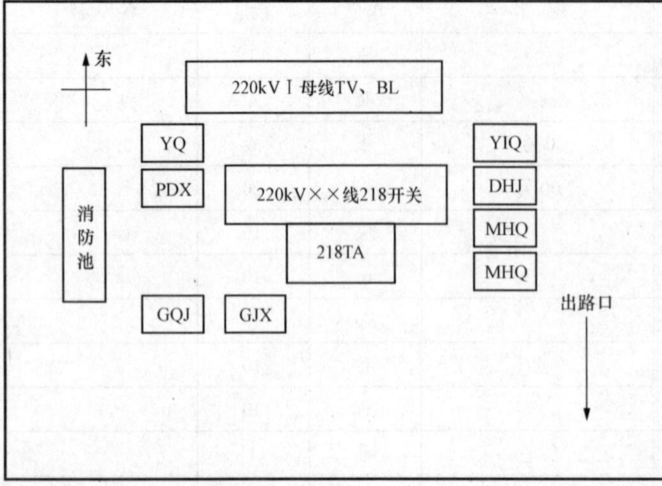

序号	符号	名称	单位	数量
1	MHQ	灭火器	只	2
2	GJX	工具箱	个	1
3	GQJ	工器具	件	2
4	PDX	配电箱	个	1
5	YQ	氧气	瓶	1
6	YIQ	乙炔	瓶	1
7	DHJ	电焊机	台	1

3.7 危险点分析与预控措施

√	序号	危 险 点	预 控 措 施
	1	接、拆低压电源时人身触电	1．应由两人进行，一人操作，一人监护。 2．检修电源应有漏电保护器；电动工具外壳应可靠接地。 3．检修前应断开交、直流操作电源及储能电机、加热器电源；严禁带电拆、接操作回路电源接头。 4．螺丝刀等工具金属裸露部分除刀口外包绝缘
	2	误碰带电设备造成人身触电	1．搬运长物件，应放倒，两人搬运。 2．搭设绝缘检修平台，应与带电设备保持安全距离。 3．吊车进入高压设备区必须由专人监护、引导，按照指定路线行走；工作前应划定吊臂和重物的活动范围及回转方向。确保与带电体的安全距离：220kV 不小于 6m
	3	感应触电	在 220kV 及以上强电场下进行部分停电工作应增加保安接地线
	4	误登带电设备	1．检修设备与相邻运行设备必须用围栏明显隔离并悬挂警示牌。 2. 中断检修每次重新开始工作前，应认清工作地点、设备名称和编号；严禁无监护单人工作
	5	绝缘检修平台搭设不牢造成高空摔跌	1．绝缘检修平台搭设后应检查牢固性；底脚稳固，护栏安装牢靠；绝缘检修平台板应放稳、厚度不应小于 5cm。 2．禁止在绝缘检修平台上超重聚集人员或放置超过荷重的材料。 3. 拆除绝缘检修平台时应设专人监护；拆除区域内禁止无关人员逗留
	6	梯子使用不当造成高空摔跌	1．梯子应绑牢、防滑；梯上有人，禁止移动。 2．登高时严禁手持任何工器具。 3．使用升降梯前应仔细检查，升到一定高度后应按规定设置横绳
	7	安全带使用不当造成高空摔跌	正确使用安全带，严禁低挂高用

表（续）

√	序号	危 险 点	预 控 措 施
	8	零部件跌落打击	零部件上、下应用传递绳；不准在架板上存放
	9	机构伤人	1. 应统一指挥，做好协调配合。 2. 检修前，控制盘控制断路器必须放“断开”位置，断路器操作箱内“就地/远方”控制断路器必须放“就地”位置。 3. 检修前，应断开储能电源，将能量全部释放。 4. 保护传动必须得到现场一次负责人许可，传动时本体及机构上禁止任何工作，人员撤离
	10	储能机构压力伤人	气动机构禁止带压拆卸、紧固密封
	11	绝缘油失火	清洗部件用的油盘、纱布应避开火源
	12	易低压触电	1. 测量仪器仪表的电源接头应做绝缘处理。 2. 进行回路电阻和内压试验时，断路器上停止作业，作业人员暂时离开测试区。 3. 试验时用红白警告带隔离
	13	整组传动试验操作伤人	1. 检修人员要恢复设备在检修状态，方可进行传动试验。 2. 进行二次传动试验前应确认断路器本体检修工作已结束，本体无人工作，具备传动条件
	14	人员中毒	1. 进行 SF_6 气体采样和处理漏气时，应戴防毒面具。 2. SF_6 气体回收时，操作人员应正确穿戴 SF_6 气体防护服、乳胶手套及防护面罩等劳保用品。 3. 回收 SF_6 气体应按相关的操作规程进行，不得将回收的 SF_6 气体直接排放于大气。 4. 处理 SF_6 设备过后的废弃物必须统一放置保管，采用溶度为 20%氢氧化钠溶液浸泡 12h 后，统一深埋处理至地下 3m。 5. 打开封盖后，检修人员应暂离现场 30min 以上。工作时应尽量站在上风口，不宜站在电缆沟等低洼地带

3.8 安全措施

√	序号	内 容
	1	检查确认现场安全措施与工作票所列安全措施一致
	2	搭绝缘检修平台时设立专职安全监护人与指挥人，注意与带电设备的安全距离（220kV）≥3.0m
	3	拆、搭绝缘检修平台前应交待明确安全措施、带电部位
	4	竖起、放倒钢管等长物时应不少于 3 人
	5	断路器解体前检查操作能量已释放，操作电源、控制电源已切断，并确认断路器处于分闸状态
	6	搭绝缘检修平台前应检查管子夹头插销有无裂纹，装设夹头应将开口朝上
	7	绝缘检修平台上的走板搭前应检查完好，搭上后两头应绑扎牢固，并做好防滑措施
	8	绝缘检修平台上工作人员须穿防滑绝缘鞋
	9	上下绝缘检修平台竹梯必须用绳绑扎牢固
	10	拆、卸的零件应放置在平稳的地方，必要时固定，防止坠落
	11	在调整过程中，作业人员必须上下协调，统一指挥
	12	在电动操作中，应充 0.05MPa SF_6 气体方可进行，防止设备损坏
	13	检修电源必须按规范接取和使用，电器设备、电源设施在使用前检查完好
	14	在调试过程中，进行断路器行程及机械间隙等测量时，应插入分、合闸防动销，防止机械误动伤人

表（续）

√	序号	内　　容
	15	工作结束前，检查现场安全措施有无变动，要求与工作所列相符
	16	一般废弃物应放在就近城市环卫系统设定的垃圾箱内，不得随便乱扔
	17	处理 SF_6 设备过后的废弃物必须统一放置保管，采用溶度为 20%氢氧化钠溶液浸泡 12h 后，统一深埋处理至地下 3m

3.9　人员分工

√	序号	作　业　项　目	负　责　人	作　业　人　员
	1	断路器解体检修		
	2	安全监护		
	3	拆、搭绝缘检修平台指挥		
	4	材料、资料及工器具管理		

4　××变电站 220kV××线 218 断路器大修作业流程图

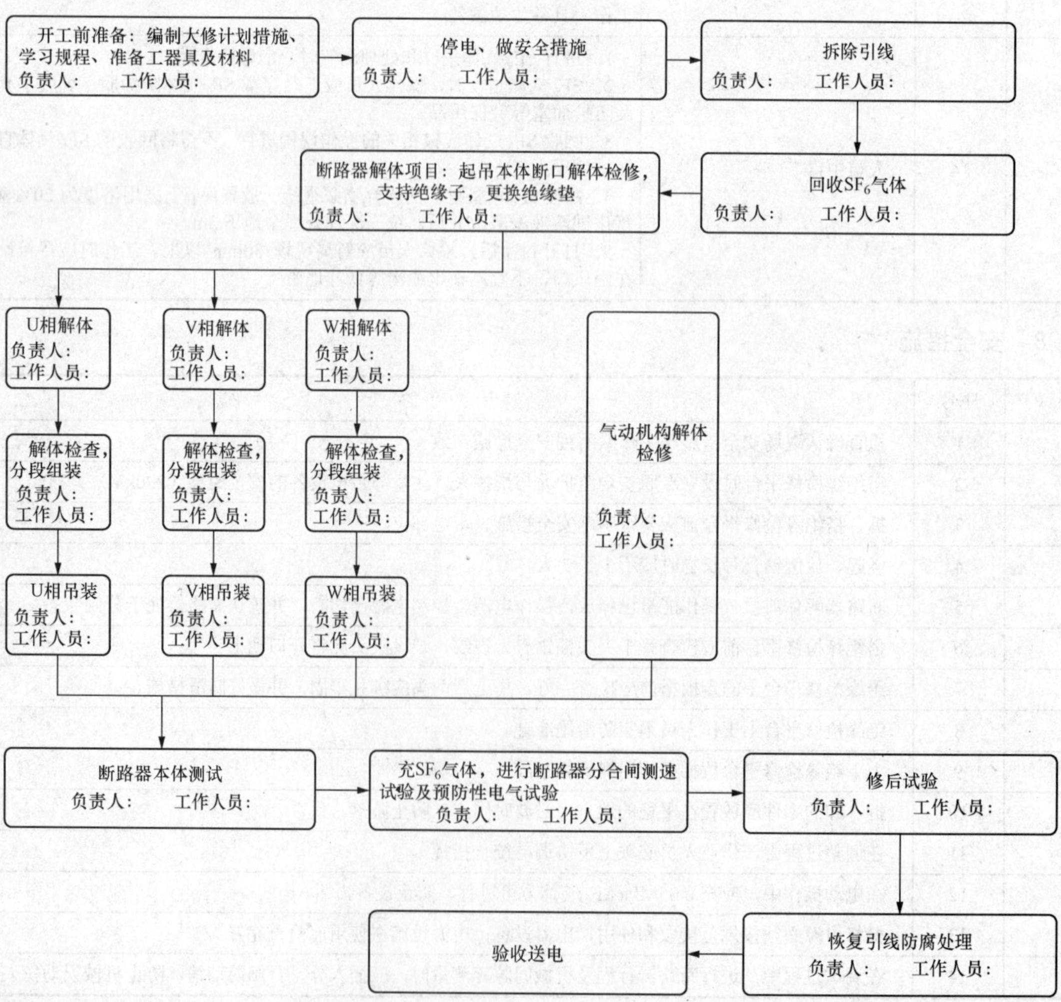

5 作业程序及作业标准

5.1 开工

√	序号	内容	到位人员签字
	1	工作票负责人按局有关规定办理好工作票许可手续	
	2	工作票负责人对本班工作人员进行明确分工，并在开工前检查确认所有工作人员正确使用劳保用品	
	3	工作票负责人带领进入作业现场并在工作现场向所有工作人员详细交待作业任务、安全措施和安全注意事项、设备状态及人员分工，全体工作人员应明确作业范围、进度要求等内容，并在到位人员签字栏内分别签名	

5.2 检修电源的使用

√	序号	内容	标准	责任人签名
	1	检修电源接取位置	从检修电源箱接取，且在工作现场电源引入处配置有明显断开点的刀闸和触电保护器	
	2	检修电源的配置	电源必须是三相四线并有漏电保安器	
	3	接取电源时注意事项	必须由检修专业人员接取，接取时严禁单人操作； 接取电源前应先验电，用万用表确认电源电压等级和电源类型无误后，从检修电源箱内出线闸刀下桩头引出	
	4	检修电源线要求	$4\times2.5mm^2$及以上	

5.3 作业内容和作业标准

√	序号	作业内容	作业标准	安全措施及注意事项	检修结果	责任人签字
1	修前准备					
	1.1	拆除断路器两侧的导电连接及过渡板	做好相序记录，固定牢固并妥善保管	1. 高空作业人员必须扎安全带。高空作业一律使用工具袋，传递物品用传递绳，禁止上下抛掷。 2. 拆引线时使用传递绳将引线缓慢放下，防止线夹折断，传递绳绑扎牢固。 3. 拆跨路母线时使用传递绳将跨路母线缓慢放下，防止线夹折断，作业人员站立牢稳，防止高空摔跌		
	1.2	断路器气体回收处理	回收充气装置应严格按照顺序进行操作，保证装置的可靠运行	工作人员必须配备防毒面具，现场要求通风良好；无关人员远离现场 5m、15min 后进入现场		
	1.3	对断路器气室进行抽真空	1. 在断路器气室阀门关闭的情况下，连接抽真空装置管道至断路器气室补气口处，依次开启抽真空装置——断路器气室阀门。 2. 当真空度达到 133Pa 以下时停止抽真空，依次关闭断路器气室阀门——抽真空装置	1. 抽真空时应有专人监护抽真空装置电源。 2. 在进行抽真空处理时，应采用出口带有电磁阀的真空处理设备，且在使用前应检查电磁阀动作可靠，防止抽真空设备意外断电造成真空泵油倒灌进入设备内部		

表（续）

√	序号	作业内容	作业标准	安全措施及注意事项	检修结果	责任人签字
	1.4	对断路器气室充氮气进行清洗	将氮气压力冲至0.2MPa，静置30min，缓慢开启阀门将氮气排放	排放时，排风口不得站人		
	1.5	拆除 SF_6 密度继电器的 SF_6 连接管路	做好标记，将管头密封包扎	拆除前确认 SF_6 气体应无残留，防止气体冲出伤人或污染		
	1.6	拆掉断路器三相之间的空气管路连接	做好标记，将管头密封包扎			
2 本体拆卸吊装						
	2.1	吊装工器具检查	起重工器具、钢丝绳、尼龙绳良好并试验合格，且与被吊重量物相匹配			
	2.2	拆前测量断路器有关尺寸并记录	做好标记	工作人员相互配合，防止挤伤		
	2.3	本体与机构分离（见附录D附图D-1）	1. 拆除本体与机构之间的连接，松开底座固定螺栓。 2. 本体应在合闸位置，将本体与机构轴销分离	1. 拆卸过程中应释放分、合闸能量。 2. 应使用专用棘轮扳手分离		
	2.4	本体吊装（见附录D附图D-1）	确认本体与机构的 SF_6 气体连接管道及本体底座螺栓已拆除后起吊，利用翻转架平稳放置在专用支架上	向司机交待清楚带电部位及注意事项，并设专人指挥；使用留绳；防止部件形变或瓷套倾倒、碰撞		
	2.5	将机构箱吊至地面（见附录C附图C-1）	拆除机构箱的地脚螺钉后起吊，平稳放置	向司机交待清楚带电部位及注意事项，并设专人指挥；拆卸机构箱时作业人员要扎好安全带，使用留绳；应使用防毒面具		
3 断路器解体检修						
	3.1	拆卸灭弧室与支柱部分	1. 拆去支柱与灭弧单元间的螺栓，拆去挡圈和轴销。 2. 将灭弧单元竖直放置在支架上，将支柱水平放在V型支撑上	向司机交待清楚带电部位及注意事项，并设专人指挥；使用留绳；防止损坏绝缘瓷套		
	3.2	支柱检修（见附录E附图E-1）	1. 拆掉直动密封组件与支柱间的螺栓，清理法兰面，更换O形圈。 2. 拆掉阀门组件，更换O形圈。 3. 拆去两支柱之间螺栓，清理法兰面，更换O形圈	用干净的塑料布包好以防污染		
	3.3	拆卸灭弧单元（见附录E附图E-2）	1. 在灭弧瓷套顶部安上吊环，用吊绳连至吊车，拆去灭弧室静触头部件与灭弧瓷套连接的螺栓，吊出灭弧室静侧部件。	使用吸尘器将灭弧单元内的固体分解物清扫干净并收集，使用20%氢氧化钠溶液浸泡后并深埋地底3m以下		

表（续）

√	序号	作业内容	作业标准	安全措施及注意事项	检修结果	责任人签字
	3.3	拆卸灭弧单元（见附录 E 附图 E-2）	2. 拆去瓷套与法兰连接的螺栓，将灭弧瓷套水平放在 V 型支撑上			
	3.4	灭弧室静弧触头检查（见附录 E 附图 E-3）	灭弧室应内无异物，检查静弧触头的烧损情况，如静弧触头的烧损大于 2mm，或有明显碎裂，或触头表面有铜析出现象，应更换静弧触头；静主触头的镀银层应完好，无烧蚀脱落；均压帽应无变形或损伤	1．静弧触头紧固力矩 245N·m。 2．吸附剂的螺栓紧固力矩 120N·m。 3．均压帽如有变形、毛刺或电弧灼伤，必须更换		
	3.5	灭弧室动弧触头检查（见附录 E 附图 E-4）	1. 将动弧触头部件从中间触头部件中抽出来，将喷口检修工具插入喷口，拧动并取出喷口。 2．检查喷口应无烧蚀或损坏，否则应更换。 3. 用动弧触头检修工具，拧动并取出动弧触头，检查动弧触头的烧损情况，如动弧触头的烧损大于 2mm，或有明显碎裂，或触头表面有铜析出现象，应更换动弧触头；动主触头的镀银层应完好，无烧蚀脱落。 4．检查压气缸表面应无划伤，镀银面应完好，如有轻微划伤且镀银面无损伤，用百洁布抛光表面，按工艺要求涂敷润滑脂后继续使用。 5．滑动触头的夹紧弹簧应完好；气缸内侧上、下导向套应无裂纹及变形，表面应光滑。渡银层应完好无烧蚀。 6. 检查活塞杆与绝缘拉杆连接处应无电腐蚀，轴销应无弯曲变形，等电位片应无电腐蚀、断裂现象	动弧触头紧固力矩：284N·m； 动弧触头行程：230.0_{-5}^{+2} mm		
	3.6	触头表面处理	1. 用汽油浸泡清洗触头，再用蘸有无机乙醇的无毛纸将触头擦拭干净。 2. 用百洁布清洗后，用酒精将表面清理干净；清洁后 5min 内必须进行润滑，并且在 15min 内安上	1．触头绝对不能用砂纸打磨。 2．重新装配断路器时，所有 O 形圈必须更换新的。 3．触头电接触行程：（27.0±2.0）mm		
	3.7	电流通道检查	电流通道应接触良好，符合技术要求			
	3.8	绝缘拉杆检查	绝缘拉杆无起层、无裂纹、放电痕迹			

表（续）

√	序号	作业内容	作业标准	安全措施及注意事项	检修结果	责任人签字
	3.9	直动密封检查（见附录 F 附图 F-1）	1. 拆去端盖与直动密封法兰连接的螺栓，检查密封面及直动密封杆应无碰伤及划痕，如有异常则更换，其余零部件仔细清理。 2. 导向套应无裂纹及变形，表面应光滑。 3. 导向套与拉杆的间隙配合应满足要求	装配时注意零部件的装配顺序，螺栓紧固力矩 48N·m		
4 操动机构检修						
	4.1	分闸控制阀检修（见附录 G 附图 G-2）	1. 插入分闸闭锁销。 2. 拧下螺栓取下分闸线圈。 3. 取下销子。 4. 取下空气管。 5. 取下螺栓取出控制阀。 6. 更换过滤网。 7. 从驱动杆上取下螺母和尼龙螺母。 8. 取下螺栓	1. 分闸控制阀经过 3000 次操作后，需更换新的。 2. 经过 6 年应更换滤网、阀密封。 3. 检查分闸控制阀应无漏气现象，若漏气则整体更换。 4. 检查分闸控制阀应无生锈，否则必要时进行更换。 5. 装复过程中应更换所有密封件		
	4.2	弹簧拆卸	标记弹簧被压缩的位置，然后用棘轮扳手均匀的松开弹簧座下的螺母，拆下弹簧。在螺母快拆下时用千斤顶将弹簧座支起	对气动机构零部件需要拆卸或螺栓紧固时，必须先将其储能释放		
	4.3	缓冲器的检修		检修缓冲器时，应不损伤设备		
	4.3.1	外观检查	将缓冲器拆下，解体检查：拧开螺钉，更换密封圈及密封垫	更换密封圈及密封垫应先使用汽油清洗干净并在表面涂抹适量厌氧胶		
	4.3.2	解体检查（见附录 G 附图 G-1）	解体缓冲器，更换全部的密封件，更换缓冲器中的航空液压油，加油时要将活塞压到底，从注油孔注入，当油从另一孔中溢出时，表示油已加满。复原缓冲器，并倒置 24h 应无漏油	1. 如缓冲器活塞杆没被顶出来，说明缓冲器中没有空气，可以使用。 2. 注油时，活塞位置应在底部		
	4.3.3	缓冲器气缸检查（见附录 G 附图 G-4）	1. 活塞杆与油缸体装配中，活塞杆应无拉伤，若有拉伤则进行修理或更换。 2. 检查缸体应无损伤，如果有损伤进行修理或更换。 3. 将 4 根双头螺杆下端 M24 螺母拆下；将气缸盖和气缸一起放下来；将气缸内壁清洗干净，内表面涂一层二硫化钼润滑脂后将气缸放入气缸盖的槽内，对正后拧紧螺母	螺母力矩为 120N·m		

表（续）

√	序号	作业内容	作业标准	安全措施及注意事项	检修结果	责任人签字
	4.3.4	活塞杆装配（见附录 G 附图 G-3）	活塞杆插入销子固定于工作台上；把装配工具和定扭矩扳手配合使用，将螺栓、活塞固定于活塞杆上	机构活塞行程：$140.0^{+1.0}_{-3.0}$ mm； 机构活塞接触行程：5.0～7.0 mm		
	4.3.5	油缸体装配	1．装入 O 形圈。活塞杆部件装入油缸体中。 2．缸体用酒精清洗。油缸体装入外壳中，保证两者的轴向位置，并插入销子；装入弹簧座，并旋入圆柱头内六角螺钉；装配高压螺塞；油缸体指定部位涂防锈漆，并在表面涂一层二硫化钼润滑脂。 3．加油时要将活塞压到底，从注油孔注入，当油从另一孔中溢出时，表示油已加满。复原缓冲器，并倒置 24h 应无漏油。 4．施加一定的压力，检验缓冲效果	1．密封垫装配顺序不得装错。 2．注油时，一定在分闸状态进行，一直加到油从螺塞孔处流出为止		
	4.4	合闸弹簧检修	1．检查合闸弹簧应无变形、磨损、锈蚀、疲劳情况，否则应更换。 2．检查弹簧端部的位置应正确。 3．检查 M24 的螺母应打力矩，确认紧固检查标记。 4．缓冲器不要与弹簧接触。 5．检修后，弹簧表面均匀涂抹二硫化钼润滑脂	对弹簧机构零部件需要拆卸或螺栓紧固时，必须先将其储能释放		
	4.5	防跳装置检修	1．卸下防跳装置上的铜管及 4 个 M10 螺栓，取下防跳装置。 2．松下 2 个 M10×25，取下支撑板，再松开螺栓，取出弹簧及防跳销并卸下卡套接头	将拆开的所有零件用酒精清洗干净，有损伤的予以修复或更换，在防跳销及弹簧上涂薄薄一层二硫化钼润滑脂装入制动阀内，拧紧螺栓，将卡套接头锥螺纹部分缠绕新的生料带后拧入制动阀内，用 2 个 M10 螺栓将支撑板固定于制动阀上，其力矩为 28N·m		
	4.6	机构架及操动机构的传动部分检修	1．从机构架上拆下弹性挡圈，取下圆柱销，掣子、弹簧，检查掣子内孔的轴承应无损坏，运动灵活。 2．清洗所有零部件。 3．对机芯内传动部分及所有连接部位进行润滑处理，对生锈件和变形件要进行修复或更换。 4．手动分合机构时，作业人员不得触及连板系统和各传动部件，必要时应插入分闸或合闸防动销	1．拆下挡圈，取下圆柱销，取下保持掣子，检查滚子及轴承应灵活。 2．保持掣子、弹簧、轴承、圆柱销应无存在磨损、锈蚀，否则要更换		

表（续）

√	序号	作业内容	作业标准	安全措施及注意事项	检修结果	责任人签字
	4.7	分、合闸电磁铁检修	1. 检查分、合闸线圈的支架应无锈蚀、变形，如有锈蚀清理干净，变形的予以更换，测量分、合闸线圈的电阻值，如不合格，更换新的。 2. 用500V绝缘电阻表测线圈对地绝缘电阻大于2MΩ。 3. 间隙应按要求进行调整	线圈阻值为130（1±5%）Ω； 使用绝缘电阻表时应注意加强监护，防止加压过程中高压触电。 合闸电磁铁行程：4.5～5.5 mm。 脱扣掣子与闭锁杠杆间隙：2.0～3.5 mm。 防跳跃间隙：1.0～2.0 mm。 分闸电磁铁行程：2.0～2.4 mm。 铁芯撞杆与掣子间隙：0.5～0.9 mm		
5	二次元件及配线的检修					
	5.1	校验 SF_6 密度继电器及压力表的整定值	额定值：0.6MPa；报警值：0.55MPa；闭锁值：0.5MPa			
	5.1.1	外观检查	接头、密封面不允许碰伤，SF_6 管路着浅黄色瓷漆			
	5.1.2	进行气密性试验	充0.60MPa的 SF_6 气体24h后测量年漏气率小于1%	工作人员必须配备防毒面具，现场要求通风良好，不得吸烟等，无关人员远离现场5m		
	5.2	对辅助开关及继电器触点的检查	转动灵活，无卡涩；必须对两种动作位置的触点进行检查，对接触不良和触点有粘连、烧损的都必须进行更换			
	5.3	机构箱内部检查	1. 检查加热器的工作状况，如有损坏，进行更换。 2. 检查操作计数器的记录和位置指示器的位置。 3. 对机构箱内的所有老化的密封圈、拆下后的挡圈必须更换			
6	空气控制系统检修					
	6.1	外观检查	接头紧固无漏气、密封面不允许碰伤，管道无裂纹			
	6.2	进行气密性试验	允许24h空压机打压2～3次			
	6.3	气动机构气体空气压力整定值	额定操作空气压力：1.5MPa。 最高操作空气压力：1.65MPa。 压缩机气动压力：1.45MPa。 压缩机停止压力：1.55MPa。 断路器闭锁操作空气压力：1.2MPa	零起打压时间：≤50 min（0～1.55MPa）。 补压时间：≤5min（1.45～1.55 MPa）。 安全阀动作压力（MPa）：开始值：1.70～1.80；终止值：1.45～1.55		

表（续）

√	序号	作业内容	作业标准	安全措施及注意事项	检修结果	责任人签字
	7	空气储气罐检修	1．拆去储气罐两端高压螺栓，用扳手卸去储气罐 4 个 M16 螺栓，取下盖板，检查并清洗储气罐。 2．储气罐内、外不得有裂纹等缺陷。 3．仔细清洗储气罐，更换密封圈；如储气罐内部锈蚀严重，应予以更换	检查前确认应无残压，防止气体冲出伤人		
	8	空压机系统的检修	1．更换皮带和全部机油并清洗干净。 2．给连接三相断路器的空气管路加伴热带并用锡纸包扎防止管路结冰堵塞。 3．曲轴箱各阀体、分、合闸拳子、轴承、销子应无裂纹、变形。 4．检查逆止阀应无漏气现象，如发现逆止阀内部零件锈蚀严重，磨损严重，则应更换。 5．检查安全阀应无漏气，否则应更换。 6．安全阀气体动作压力参数为 1.8MPa	对发热严重且故障频繁的国产空压机应更换为进口空压机组（空压机组带油水分离器及备件）		
9	整体组装					
	9.1	机构箱吊装	安装地脚螺钉，缓慢起吊并放至基座上，将其固定	高空作业应系安全带，防止重物坠落，砸伤绝缘子等		
	9.2	本体吊装	将主绝缘平卧起吊。安装单柱绝缘子，缓慢立起；缓慢起吊至机构箱上方，并固定	要求四周绑扎浪风绳，防止瓷件碰伤；高空作业应系安全带，防止重物坠落，砸伤绝缘子等		
	9.3	主绝缘与机构箱连接部分组装	组装连接轴、销,连接 SF_6 管路及主接线端子板	1．高空作业应系安全带，防止重物坠落，砸伤绝缘子等。 2．检查确无遗漏，轴、销完整		
	9.4	安装三相空气连接管路	清洁、紧固，无渗漏现象			
	9.5	密封面和密封槽的装配	1．清除密封槽内的密封圈和残留的密封胶。 2．装配前，对所有的密封表面进行清洁，去除油脂并检查密封面、密封槽应有无损伤	1．密封槽和密封面不能有横贯的擦伤，可以用细的打磨品磨去密封面上小擦伤，打磨时应顺着密封线的方向，不要横贯密封线。 2．用蘸有酒精的无毛纸将密封槽擦拭干净。 3．更换密封圈应先使用汽油清洗干净并在表面均匀涂抹厌氧胶。 4．涂抹密封胶应均匀涂抹，防止密封胶遗留在断路器内部		

表（续）

√	序号	作业内容	作业标准	安全措施及注意事项	检修结果	责任人签字
	9.6	灭弧单元动触头装配	1. 在动弧触头的螺纹处均匀涂敷微碳润滑脂，装动弧触头在支持件上，打紧固力矩。 2. 给动触头部分的压气缸、复合套内表面、活塞杆的表面均匀微碳润滑脂。 3. 将压气缸插入中间触头，然后在压气缸、动主、弧触头表面以及触指镀银面均匀涂敷微碳润滑脂。 4. 清理喷口，装喷口在支持件上。烧损严重的喷口应更换			
	9.7	灭弧单元静触头装配	1. 将静触头装在支持件上。 2. 紧固静触头与支持件。 3. 静触头表面涂敷微碳润滑脂	静触头紧固力矩 245N·m		
	9.8	灭弧室组装	1. 将吸附剂装在灭弧室静侧，用螺栓 M16mm×55mm 紧固。 2. 将 O 形圈放入中间法兰，涂密封胶，竖直吊起灭弧室瓷套在中间法兰上。 3. 将灭弧室静侧落在灭弧室瓷套上，用螺栓 M10×70 紧固	1. 吸附剂必须是抽真空包装；使用前应进行烘干处理（200℃的烘箱中活化焙烧 2h 后方可使用）。 2. 吸附剂装入 30min 内，必须进行抽真空作业。 3. 涂抹密封胶应均匀涂抹，防止密封胶遗留在断路器内部		
	9.9	下瓷套组装	1. 将两节绝缘子内部用酒精清洗干净。 2. 更换密封圈。 3. 紧固灭弧瓷套与支柱瓷套连接处的螺栓	安装时应防止瓷件碰伤		
	9.10	直动密封装配	1. 用酒精清洗支柱瓷套、法兰，检查密封组件以及密封槽应无毛刺、划痕等。 2. 给直动密封法兰上螺杆 M16mm×100mm，在直动密封法兰的密封槽内均匀涂敷密封胶，放入 O 形圈，与支柱绝缘子紧固在一起。 3. 将绝缘拉杆穿入直动密封法兰给密封组件均匀涂敷硅脂，按顺序数量依次装入。 4. 将 O 形圈放入端盖，用螺栓 M12mm×30mm 紧固。 5. 拉动绝缘拉杆，感觉是否灵活，清理挤出的硅脂。 6. 在清理干净的大法兰侧面密封槽内均匀涂抹密封胶，并放入 O 形圈 M22mm×2.4mm，然后与阀门组件紧固	涂抹密封胶应均匀涂抹，防止密封胶遗留在断路器内部		

表（续）

√	序号	作业内容	作业标准	安全措施及注意事项	检修结果	责任人签字
	9.11	单极断路器装配	1. 用吊车水平起吊支柱绝缘子，在分闸位置用涂敷本顿润滑脂的销子连接活塞杆与绝缘拉杆。 2. 清洗中间法兰，在密封槽均匀涂敷密封胶，放置O形圈，用螺栓连接瓷瓶与法兰。 3. 将拉杆拉至分到底的位置，测量尺寸，写在直动密封法兰侧面。 4. 连接抽真空接头，抽真空至133Pa后，再抽0.5h，停机保持4h；罐内气压的上升值不应大于133Pa；充气前再抽真空0.5h；将SF_6气体充至0.5MPa	1. 起吊过程中注意阀门的方向。 2. 涂抹密封胶应均匀涂抹，防止密封胶遗留在断路器内部		
	9.12	充SF_6气体及检漏	充SF_6气体至0.6MPa，用肥皂水检查所有经过安装的密封连接部位	正确使用安全防护用品，必要时应使用专用的防护服、防毒面具、氧气呼吸器、防护手套等；在室外给设备充装SF_6时，作业人员应在上风处；无关人员退场		
	9.13	断路器数据调整	总行程为（140±1）mm； 动触头接触行程为（27±2）mm			
	9.14	分闸控制阀数据调整	行程：0.8～1.5mm； 总行程：2.8～4mm； 空程：1.8～2.5mm			
	9.15	二次电缆连接	按照二次接线图连接三相机构箱之间的电缆			
	9.16	连接接地端子	连接每极的接地连接			
	9.17	主回路端子板连接	按照记录将接线恢复			
	9.18	安装断路器两侧的三相引线	按照记录的相序恢复引线的连接	1. 高空作业人员必须扎安全带。高空作业一律使用工具袋，传递物品用传递绳，禁止上下抛掷。 2. 安装引线时使用传递绳，防止线夹折断，传递绳绑扎牢固。 3. 安装跨路母线时使用传递绳，防止线夹折断，作业人员站立牢稳，防止高空摔跌		

表（续）

√	序号	作业内容	作业标准	安全措施及注意事项	检修结果	责任人签字
10 修后试验						
	10.1	机械特性试验（见附录 I）	1．合闸时间≤100ms。 2．合闸不同期≤4.0ms。 3．分闸时间≤25ms。 4．分闸不同期≤3.0ms。 5．合闸速度 3.6～4.5m/s。 6．分闸速度 8.5～10.0m/s。 7．分、合闸行程曲线	操作气压为 1.5MPa		
	10.2	SF_6 气体微水、纯度检测（见附录 I）	SF_6 气体含水量≤300 μL/L； SF_6 气体纯度≥95%			
	10.3	主回路电阻测量（见附录 I）	≤42μΩ			
	10.4	导电回路电阻测试（见附录 I）	≤40uΩ	采用直流压降法，测试电流≥100A		
	10.5	控制回路电阻测量（见附录 I）	合闸线圈：（33±3）Ω； 分闸线圈：（19±3）Ω			
	10.6	绝缘电阻测试（见附录 I）	1．主回路合闸对地≥2000 MΩ。 2．辅助回路对地、电动机线圈对地≥2MΩ			
	10.7	低电压动作试验（见附录 I）	1．85%～110%额定电源电压应可靠合闸，等于或小于 30%额定电源电压应不应动作。 2．直流 65%～110%额定电源电压应可靠分闸，等于或小于 30%额定电源电压应不应动作；0.80 MPa 应可分闸			
	10.8	1min 工频耐压测量（见附录 I）	主回路合闸对地：（395×80%）kV； 主回路分闸断口间：（395×80%）kV； 控制回路对地：2kV； 辅助回路对地：2kV	必须进行相对地、断口对地的耐压		
	11	验收与总结	1．工作完毕后，工器具及材料清点后入库。 2．工作完毕后，根据修试内容，编制大修报告，并上传至电力生产门户（GPMS）			

5.4 竣工

√	序号	内　　容	责任人员签字
	1	清理工作现场，将工器具全部收拢并清点，废弃物按相关规定处理，材料及备品备件回收清点	
	2	按相关规定，关闭检修电源	
	3	做好检修记录，记录本次检修内容、反措或技改情况，有无遗留问题	
	4	会同验收人员验收对各项检修、试验项目进行验收	
	5	会同验收人员对现场安全措施及检修设备的状态进行检查，要求恢复至工作许可时状态	
	6	经全部验收合格，做好检修记录后，办理工作票结束手续	

6 验收记录

<table>
<tr><td rowspan="2">自验收记录</td><td>记录改进和更换的零部件</td><td></td></tr>
<tr><td>存在问题及处理意见</td><td></td></tr>
<tr><td rowspan="4">验收单位意见</td><td>检修班组自评价及签字</td><td></td></tr>
<tr><td>检修部门验收意见及签字</td><td></td></tr>
<tr><td>运行单位验收意见及签字</td><td></td></tr>
<tr><td>公司验收意见及签字</td><td></td></tr>
</table>

7 作业指导书执行情况评估

<table>
<tr><td rowspan="4">评估内容</td><td rowspan="2">符合性</td><td>优</td><td></td><td>可操作项</td><td></td></tr>
<tr><td>良</td><td></td><td>不可操作项</td><td></td></tr>
<tr><td rowspan="2">可操作性</td><td>优</td><td></td><td>建议修改项</td><td></td></tr>
<tr><td>良</td><td></td><td>遗漏项</td><td></td></tr>
<tr><td>存在问题</td><td colspan="5"></td></tr>
<tr><td>改进意见</td><td colspan="5"></td></tr>
</table>

2 安全质量控制卡

编号：×××××

班组作业安全质量控制卡

作业名称：××班××变电站220kV××线218断路器大修

工作负责人编写：__________审核：__________批准：__________

作业性质：多专业 计划时间：　年　月　日　时　至　年　月　日　时

1 作业前

1.1 作业前内业准备

序号	名　　称		确认
1. 现场勘察　　　勾选：☐已勘察　☐无需勘察 * 确认栏内需签字确认			
2. 工器具、材料及防护用品			
2.1	工器具、材料及防护用品	详见本书37页附表1	
3. 作业文件			
3.1	工作票编号		
3.2	作业文件（设备台账资料、设备说明书、图纸）等		
4. 其他（录音笔、红马甲）			

1.2 出工准备

序号	名　　称	确认
1	班组班前会	
2	出工三检查	

2 作业中

2.1 作业组班前会

2.1.1 本作业危险点分析及安全措施交底

序号	危险点名称	安全控制措施	确认
1	检修电源设备损坏或接线不规范,会引起低压触电	检修电源接线时，必须确认电源线的极性及所需使用的电压，使用的工具金属裸露部位应用绝缘材料包好，有人监护，同时必须使用带电漏电保护的电源盘	
2	调整或检修机构时机械伤人	工作前应断开储能电源空气断路器并完全释放储能	
3	进行机构内二次回路工作时，误碰带电二次接线，造成短路或失地，人员触电	1. 使用带有绝缘包扎的工器具。 2. 拆线前做好标记，随拆即采取绝缘包扎措施；接回时，应由第二人进行复查	

表（续）

序号	危险点名称	安全控制措施	确认
4	高处作业时坠落	1．应正确使用安全带。 2．应使用合格的登高工具并专人扶持，绑扎牢固。 3．工器具应系好保险绳或做好其他防坠落的可靠措施	
5	一次引线拆、接过程中，击伤人员或附件	使用传递绳或绝缘杆传递引线，拆除后应及时绑扎牢固	

2.1.2　其他班组间配合或交叉作业危险点分析及安全措施交底

序号	相关班组	危险点名称	安全控制措施
1	保护班	断路器保护整组试验与检修工作交叉进行容易发生人身伤害事故	要求试验开始时先通知检修人员，检修人员应中止工作并撤离试验区域，确保人身安全
2	高压班	断路器高压试验与检修工作交叉进行容易发生人身伤害事故	试验前，确保检修人员已撤离试验区域；试验中大声唱和

2.1.3　安全措施确认

我已知晓上述工作地点、工作内容、停电范围、作业分工、危险点及安全控制措施，精神状态良好，确认签字：

2.2　关键工序安全质量控制

序号	关键工序	质量安全控制	确认
1	修前准备		
1.1	拆除断路器两侧的导电连接及过渡板	做好相序记录，固定牢固并妥善保管	
1.2	断路器气体回收处理	回收充气装置应严格按照顺序进行操作，保证装置的可靠运行	
1.3	对断路器气室进行抽真空	在断路器气室阀门关闭的情况下，连接抽真空装置管道至断路器气室补气口处，依次开启抽真空装置——断路器气室阀门 当真空度达到 133Pa 以下时停止抽真空，依次关闭断路器气室阀门——抽真空装置	
1.4	对断路器气室充氮气进行清洗	将氮气压力冲至 0.2MPa，静置 30min，缓慢开启阀门将氮气排放	
1.5	拆除 SF_6 密度继电器的 SF_6 连接管路	做好标记，将管头密封包扎	
1.6	拆掉断路器三相之间的空气管路连接	做好标记，将管头密封包扎	
2	本体拆卸吊装		
2.1	吊装工器具检查	起重工器具、钢丝绳、尼龙绳良好并试验合格，且与被吊重量物相匹配	

表（续）

序号	关键工序	质量安全控制	确认
2.2	拆前测量断路器有关尺寸并记录	做好标记	
2.3	本体与机构分离	1. 拆除本体与机构之间的连接，松开底座固定螺栓。 2. 本体应在合闸位置，将本体与机构轴销分离	
2.4	本体吊装	确认本体与机构的SF_6气体连接管道及本体底座螺栓已拆除后起吊，利用翻转架平稳放置在专用支架上	
2.5	将机构箱吊至地面	拆除机构箱的地脚螺钉后起吊，平稳放置	
3	断路器解体检修		
3.1	拆卸灭弧室与支柱部分	1. 拆去支柱与灭弧单元间的螺栓，拆去挡圈和轴销。 2. 将灭弧单元竖直放置在支架上，将支柱水平放在V型支撑上	
3.2	支柱检修	1. 拆掉直动密封组件与支柱间的螺栓，清理法兰面，更换O形圈。 2. 拆掉阀门组件，更换O形圈。 3. 拆去两支柱之间螺栓，清理法兰面，更换O形圈	
3.3	拆卸灭弧单元	1. 在灭弧瓷套顶部安上吊环，用吊绳连至吊车，拆去灭弧室静触头部件与灭弧瓷套连接的螺栓，吊出灭弧室静侧部件。 2. 拆去瓷套与法兰连接的螺栓，将灭弧瓷套水平放在V型支撑上	
3.4	灭弧室静弧触头检查	灭弧室应内无异物，检查静弧触头的烧损情况，如静弧触头的烧损大于2mm，或有明显碎裂，或触头表面有铜析出现象，应更换静弧触头；静主触头的镀银层应完好，无烧蚀脱落。均压帽应无变形或损伤	
3.5	灭弧室动弧触头检查	1. 将动弧触头部件从中间触头部件中抽出来，将喷口检修工具插入喷口，拧动并取出喷口。 2. 检查喷口应无烧蚀或损坏，否则应更换。 3. 用动弧触头检修工具，拧动并取出动弧触头，检查动弧触头的烧损情况，如动弧触头的烧损大于2mm，或有明显碎裂，或触头表面有铜析出现象，应更换动弧触头。动主触头的镀银层应完好，无烧蚀脱落。 4. 检查压气缸表面应无划伤，镀银面应完好，如有轻微划伤且镀银面无损伤，用百洁布抛光表面，按工艺要求涂敷润滑脂后继续使用。 5. 滑动触头的夹紧弹簧应完好。气缸内侧上、下导向套应无裂纹及变形，表面应光滑。渡银层应完好无烧蚀。 6. 检查活塞杆与绝缘拉杆连接处应无电腐蚀，轴销应无弯曲变形，等电位片应无电腐蚀、断裂现象	
3.6	触头表面处理	1. 用汽油浸泡清洗触头，再用蘸有酒精的无毛纸将触头擦拭干净。 2. 用百洁布清洗后，用酒精将表面清理干净。清洁后5min内必须进行润滑，并且在15min内安上	
3.7	电流通道检查	电流通道应接触良好，符合技术要求	
3.8	绝缘拉杆检查	绝缘拉杆无起层、无裂纹、放电痕迹	

表（续）

序号	关键工序	质量安全控制	确认
3.9	直动密封检查	1．拆去端盖与直动密封法兰联接的螺栓，检查密封面及直动密封杆应无碰伤及划痕，如有异常则更换，其余零部件仔细清理。 2．导向套应无裂纹及变形，表面应光滑。 3．导向套与拉杆的间隙配合应满足要求	
4	操动机构检修		
4.1	分闸控制阀检修	1．插入分闸闭锁销。 2．拧下螺栓取下分闸线圈。 3．取下销子。 4．取下空气管。 5．取下螺栓取出控制阀。 6．更换过滤网。 7．从驱动杆上取下螺母和尼龙螺母。 8．取下螺栓	
4.2	弹簧拆卸	标记弹簧被压缩的位置，然后用棘轮扳手均匀地松开弹簧座下的螺母，拆下弹簧；在螺母快拆下时用千斤顶将弹簧座支起	
4.3	缓冲器的检修		
4.3.1	外观检查	将缓冲器拆下，解体检查：拧开螺钉，更换密封圈及密封垫	
4.3.2	解体检查	解体缓冲器，更换全部的密封件，更换缓冲器中的航空液压油，加油时要将活塞压到底，从注油孔注入，当油从另一孔中溢出时，表示油已加满。复原缓冲器，并倒置24h应无漏油	
4.3.3	缓冲器气缸检查	1．活塞杆与油缸体装配中，活塞杆应无拉伤，若有拉伤则进行修理或更换。 2．检查缸体应无损伤，如果有损伤进行修理或更换。 3．将4根双头螺杆下端M24螺母拆下；将气缸盖和气缸一起放下来。将气缸内壁清洗干净，内表面涂一层二硫化钼润滑脂后将气缸放入气缸盖的槽内，对正后拧紧螺母	
4.3.4	活塞杆装配	活塞杆插入销子固定于工作台上；把装配工具和定扭矩扳手配合使用，将螺栓、活塞固定于活塞杆上	
4.3.5	油缸体装配	1．装入O形圈。活塞杆部件装入油缸体中。 2．缸体用酒精清洗。油缸体装入外壳中，保证两者的轴向位置，并插入销子。装入弹簧座，并旋入圆柱头内六角螺钉。装配高压螺塞。油缸体指定部位涂防锈漆，并在表面涂一层二硫化钼润滑脂。 3．加油时要将活塞压到底，从注油孔注入，当油从另一孔中溢出时，表示油已加满。复原缓冲器，并倒置24h应无漏油。 4．施加一定的压力，检验缓冲效果	
4.4	合闸弹簧检修	1．检查合闸弹簧应无变形、磨损、锈蚀、疲劳情况，否则应更换。 2．检查弹簧端部的位置是否正确。 3．检查M24的螺母是否打力矩，确认紧固检查标记。 4．缓冲器不要与弹簧接触。 5．检修后，弹簧表面均匀涂抹二硫化钼润滑脂	

表（续）

序号	关键工序	质量安全控制	确认
4.5	防跳装置检修	1．卸下防跳装置上的铜管及四个 M10 螺栓，取下防跳装置。 2．松下 2 个 M10mm×25mm，取下支撑板，再松开螺栓，取出弹簧及防跳销并卸下卡套接头	
4.6	机构架及操动机构的传动部分检修	1．从机构架上拆下弹性挡圈，取下圆柱销，擎子、弹簧，检查擎子内孔的轴承应无损坏，运动灵活。 2．清洗所有零部件。 3．对机芯内传动部分及所有连接部位进行润滑处理，对生锈件和变形件要进行修复或更换。 4．手动分合机构时，作业人员不得触及连板系统和各传动部件，必要时应插入分闸或合闸防动销	
4.7	分、合闸电磁铁检修	1．检查分、合闸线圈的支架应无锈蚀、变形，如有锈蚀清理干净，变形的予以更换，测量分、合闸线圈的电阻值，如不合格，更换新的。 2．用 500V 绝缘电阻表测线圈对地绝缘电阻大于 2MΩ。 3．间隙应按要求进行调整	
5	二次元件及配线的检修		
5.1	校验 SF_6 密度继电器及压力表的整定值	额定值：0.6MPa；报警值：0.55MPa；闭锁值：0.5MPa	
5.1.1	外观检查	接头、密封面不允许碰伤，SF_6 管路着浅黄色瓷漆	
5.1.2	进行气密性试验	充 0.60MPa 的 SF_6 气体 24h 后测量年漏气率小于 1%	
5.2	对辅助开关及继电器触点的检查	转动灵活，无卡涩。必须对两种动作位置的触点进行检查，对接触不良和触点有粘连、烧损的都必须进行更换	
5.3	机构箱内部检查	1．检查加热器的工作状况，如有损坏，进行更换。 2．检查操作计数器的记录和位置指示器的位置。 3．对机构箱内的所有老化的密封圈、拆下后的挡圈必须更换	
6	空气控制系统检修		
6.1	外观检查	接头紧固无漏气、密封面不允许碰伤，管道无裂纹	
6.2	进行气密性试验	允许 24h 空压机打压 2～3 次	
6.3	气动机构气体空气压力整定值	额定操作空气压力：1.5MPa； 最高操作空气压力：1.65MPa； 压缩机气动压力：1.45MPa； 压缩机停止压力：1.55MPa； 断路器闭锁操作空气压力：1.2MPa	
7	储气罐检修	1．拆去储气罐两端高压螺栓，用扳手卸去储气罐 4 个 M16 螺栓，取下盖板，检查并清洗储气罐。 2．储气罐内、外不得有裂纹等缺陷。 3．仔细清洗储气罐，更换密封圈，如储气罐内部锈蚀严重，应予以更换	
8	空压机系统的检修	1．更换皮带和全部机油并清洗干净。 2．给连接三相断路器的空气管路加伴热带并用锡纸包扎防止管路结冰堵塞。 3．曲轴箱各阀体、分、合闸擎子、轴承、销子应无裂纹、变形。 4．检查逆止阀应无漏气现象，如发现逆止阀内部零件锈蚀严重，磨损严重，则应更换。 5．检查安全阀应无漏气，否则应更换。 6．安全阀气体动作压力参数为 1.8MPa	

表（续）

序号	关键工序	质量安全控制	确认
9	整体组装		
9.1	机构箱吊装	安装地脚螺栓，缓慢起吊并放至基座上，将其固定	
9.2	本体吊装	将主绝缘平卧起吊。安装单柱绝缘子，缓慢立起。缓慢起吊至机构箱上方，并固定	
9.3	主绝缘与机构箱连接部分组装	组装连接轴、销，连接 SF_6 管路及主接线端子板	
9.4	安装三相空气连接管路	清洁、紧固，无渗漏现象	
9.5	密封面和密封槽的装配	1．清除密封槽内的密封圈和残留的密封胶。 2．装配前，对所有的密封表面进行清洁，去除油脂并检查密封面、密封槽应有无损伤	
9.6	灭弧单元动触头装配	1．在动弧触头的螺纹处均匀涂敷微碳润滑脂，装动弧触头在支持件上，打紧固力矩。 2．给动触头部分的压气缸、复合套内表面、活塞杆的表面均匀微碳润滑脂。 3．将压气缸插入中间触头，然后在压气缸、动主、弧触头表面以及触指镀银面均匀涂敷微碳润滑脂。 4．清理喷口，装喷口在支持件上；烧损严重的喷口应更换	
9.7	灭弧单元静触头装配	1．将静触头装在支持件上。 2．紧固静触头与支持件。 3．静触头表面涂敷微碳润滑脂	
9.8	灭弧室组装	1．将吸附剂装在灭弧室静侧，用螺栓 M16mm×55mm 紧固。 2．将 O 形圈放入中间法兰，涂密封胶，竖直吊起灭弧室瓷套在中间法兰上。 3．将灭弧室静侧落在灭弧室瓷套上，用螺栓 M10mm×70mm 紧固	
9.9	下瓷套组装	1．将两节绝缘子内部用酒精清洗干净。 2．更换密封圈。 3．紧固灭弧瓷套与支柱瓷套连接处的螺栓	
9.10	直动密封装配	1．用酒精清洗支柱瓷套、法兰，检查密封组件以及密封槽应无毛刺、划痕等。 2．给直动密封法兰上螺杆 M16×100，在直动密封法兰的密封槽内均匀涂敷密封胶，放入 O 形圈，与支柱瓷瓶紧固在一起。 3．将绝缘拉杆穿入直动密封法兰给密封组件均匀涂敷硅脂，按顺序数量依次装入。 4．将 O 形圈放入端盖，用螺栓 M12×30 紧固。 5．拉动绝缘拉杆，感觉是否灵活，清理挤出的硅脂。 6．在清理干净的大法兰侧面密封槽内均匀涂抹密封胶，并放入 O 形圈 22×2.4，然后与阀门组件紧固	
9.11	单极断路器装配	1．用吊车水平起吊支柱绝缘子，在分闸位置用涂敷本顿润滑脂的销子连接活塞杆与绝缘拉杆。 2．清洗中间法兰，在密封槽均匀涂敷密封胶，放置 O 形圈，用螺栓连接绝缘子与法兰。 3．将拉杆拉至分到底的位置，测量尺寸，写在直动密封法兰侧面。 4．连接抽真空接头，抽真空至 133Pa 后，再抽 0.5h，停机保持 4h。罐内气压的上升值不应大于 133Pa。充气前再抽真空 0.5h。将 SF_6 气体充至 0.5MPa	

表（续）

序号	关键工序	质量安全控制	确认
9.12	充 SF_6 气体及检漏	充 SF_6 气体至 0.6MPa，用肥皂水检查所有经过安装的密封连接部位	
9.13	断路器数据调整	总行程为（140±1）mm； 动触头接触行程为（27±2）mm	
9.14	分闸控制阀数据调整	行程：0.8～1.5mm； 总行程：2.8～4mm； 空程：1.8～2.5mm	
9.15	二次电缆连接	按照二次接线图连接三相机构箱之间的电缆	
9.16	连接接地端子	连接每极的接地连接	
9.17	主回路端子板连接	按照记录将接线恢复	
9.18	安装断路器两侧的三相引线	按照记录的相序恢复引线的连接	
10　修后试验			
10.1	机械特性试验	1．合闸时间≤100ms。 2．合闸同期≤4.0ms。 3．分闸时间≤25ms。 4．分闸同期≤3.0ms。 5．合闸速度 3.6～4.5m/s。 6．分闸速度 8.5～10.0m/s。 7．分、合闸行程曲线	
10.2	SF_6 气体微水、纯度检测	SF_6 气体含水量≤300μL/L； SF_6 气体纯度≥95%	
10.3	主回路电阻测量	≤42μΩ	
10.4	导电回路电阻测试	≤40μΩ	
10.5	控制回路电阻测量	合闸线圈：（33±3）Ω； 分闸线圈：（19±3）Ω	
10.6	绝缘电阻测试	1．主回路合闸对地≥2000MΩ。 2．辅助回路对地、电动机线圈对地≥2MΩ	
10.7	接触电阻测量	≤35μΩ	
10.8	低电压动作试验	1．85%～110%额定电源电压应可靠合闸，等于或小于 30%额定电源电压应不应动作。 2．直流 65%～110%额定电源电压或 80%～110%额定电源电压应可靠分闸，等于或小于 30%额定电源电压应不应动作。0.80 MPa 应可分闸	
10.9	1min 工频耐压测量	主回路合闸对地：（395×80%）kV； 主回路分闸断口间：（395×80%）kV 控制回路对地：2kV； 辅助回路对地：2kV	

2.3　作业验收

2.3.1　检修人员验收

序号	验　收　内　容	确认
1	检查断路器螺栓无丢失均已上紧	
2	检查断路器储能空气断路器合上	

表（续）

序号	验 收 内 容	确认
3	检查现场无遗留工器具、材料，所有工作人员已经撤离现场	
工作负责人验收签字：		

2.3.2 运维人员验收

检修记录已登记，现场已验收。运维人员确认签字：

2.4 作业组班后会

序号	项 目	确认
1	作业组班后会	
2	存在问题及措施：	

3 作业后

3.1 作业后内业工作

序号	项 目	内 容	确认
1	GPMS 流程运转	缺陷流程运转、报表编写上传、完成时限填写、完成设备作业后评估	
2	录音上传	工作票录音	
3	作业文件归档	安全质量控制卡、工作票、报表	

3.2 作业评价

评价情况：经检查，本安全质量控制卡____________，存在____问题，已向____________提出。

检查人：____________

____年___月___日

附表 1 作业物品清单表

1 标准工具箱配置表

序号	名 称	规 格	单位	数量	确认
1	吊车	8t	辆	1	
2	真空泵	2XZ-170	台	1	
3	SF_6气体回收装置		台	1	

表（续）

序号	名　　称	规　　格	单位	数量	确认
4	断路器特性测试仪	EST-V	套	1	
5	电源箱	DYX-500V	个	1	
6	手枪电钻	ϕ13	把	1	
7	钻头	ϕ2～13	合	2	
8	电动扳手	～220V	把	2	
9	防毒面具		套	3	
10	SF_6防护服		套	3	
11	压力表		个	1	
12	干湿温度计		个	2	
13	内卡		把	3	
14	外卡		把	3	
15	游标卡尺	150mm	把	2	
16	钢板尺	300	把	1	
17	钢板尺	600	把	6	
18	钢锯		把	2	
19	台钳	150mm	台	2	
20	链条钳	1000mm	个	2	
21	管钳	650mm	把	2	
22	专用工具	CY	套	2	
23	活扳手	18″	把	2	
24	活扳手	12″	把	6	
25	活扳手	10″	把	6	
26	套筒	5.5～32mm	套	2	
27	梅花扳手	5.5～30mm	套	2	
28	呆头扳手	6-PCS 6～22mm	套	3	
29	螺丝刀	300mm	把	3	
30	螺丝刀	250mm	把	3	
31	螺丝刀	200mm	把	3	
32	工具箱		个	1	
33	锤子		把	2	
34	小油盘	400×600	个	3	
35	SF_6充气装置		个	6	

表（续）

序号	名　称	规　格	单位	数量	确认
36	氧气管	ϕ40mm	m	30	
37	干湿温度表	TH-300IC	块	1	
38	绝缘梯子	2m	架	2	
39	绝缘梯子	4m	架	2	
40	内六角扳手	3～17mm（9 件）	套	1	
41	皮带冲子	ϕ2～36mm	套	1	
42	钢冲凿子	GZ-10	套	1	
43	电焊机	DX-200	台	1	
44	防护罩	FHZ	个	1	
45	电焊手套	D-2	副	1	
46	线锤		个	2	
47	水平尺	350mm，0.003	个	1	
48	什锦锉	400mm	套	1	
49	板锉	300mm	把	2	
50	圆锉	200mm	把	2	
51	半圆锉	150mm	把	2	
52	帆布蓬	4m×4m	块	2	
53	烘箱	2500W	台	1	
54	电吹风	1500W	把	1	

2　常规检修工器具表

序号	名　称	规　格	单位	数量	确认
1	套筒扳手	28 件	套	1	
2	电源接线盘	AC220V、AC380V	只	1	
3	机油枪	/	把	2	

3　仪器表

序号	名　称	规　格	单位	数量	确认
1	万用表		台	1	
2	绝缘电阻表	ZC25B-4	台	1	
3	回路电阻测试仪	5501	台	1	

4　材料、备品备件表

序号	名　称	规　格	单位	数量	确认
1	汽油	90 号	kg	30	
2	无水乙醇		瓶	5	
3	干粉灭火器	1211	只	2	
4	氮气	99.999%	瓶	2	
5	氧气		瓶	1	
6	SF_6气体		瓶	1	
7	电力复合脂（导电膏）	DDG-2	支	3	
8	密封硅胶		瓶	4	
9	砂布	1 号	张	6	
10	砂布	0 号	张	20	
11	干净白布		m	10	
12	破布		kg	25	
13	755 清洗剂		瓶	10	
14	凡士林		瓶	1	
15	分子塞		个	3	
16	油漆	红	kg	12	
17	油漆	绿	kg	3	
18	油漆	黄	kg	3	
19	油漆	黑	kg	1	
20	防锈漆		kg	4	
21	银粉漆		kg	10	
22	钢丝刷子		把	3	
23	毛刷		把	30	
24	乳胶手套		副	20	
25	塑料布		m	10	
26	铁丝	8 号	kg	10	
27	白麻绳		m	30	
28	起吊绳套		根	2	
29	尼龙绳	ϕ8mm	m	30	
30	生料带		卷	2	
31	锯条		条	30	
32	电焊条	ϕ3.2	kg	5	
33	开口销	$\phi4\times50$	个	30	

表（续）

序号	名　称	规　格	单位	数量	确认
34	四芯电源线	$2.5mm^2 \times 4$	m	100	
35	塑料花线	$2mm^2$	m	20	
36	黑胶布		卷	1	
37	白布带		卷	5	
38	高级卫生纸		卷	3	
39	乙炔		瓶	1	
40	微碳润滑脂		罐	1	
41	二硫化钼基脂		罐	1	

5　安全防护用品表

序号	名　称	规　格	单位	数量	确认
1	安全带	双控 2m	条	3	
2	棉手套	—	副	3	
3	隔离开关防坠支架	标准	副	3	

6　作业车辆表

序号	名　称	规　格	单位	数量	确认
1	高空作业车		辆	1	
2	吊车	16t	辆	1	

7　绝缘梯表

序号	名　称	规　格	单位	数量	确认
1	直梯	4m	架	1	
2	直梯	6m	架	1	
3	升降人字梯	6m	架	1	
4	检修绝缘检修平台		副	1	

该清单仅供工作负责人选用、清点、检查作业物品时参考，可视现场需要在此基础上自行添加、修改项目与数量。

3 变电站电气第一种工作票

××电业局（供电公司）
××变电站电气第一种工作票

编号：××-BB-B1-××B-2012-××××

1．部门：变电检修部

工作班组：××班

工作负责人：×××

2．工作人员：××× 共 × 人

3．工作任务（工作地点和工作内容）：

工 作 地 点	工 作 内 容
××变电站 220kV××线 218 断路器处	220kV××线 218 断路器大修

4．计划工作时间：自××年×月×日×时×分至××年×月×日×时×分

5．安全措施：

电气接线图或必要时可附页绘图说明：

许可前由工作许可人会同工作负责人到现场逐项检查核对后打√。

序号	应断开的断路器、隔离开关，应取下的熔丝，应解除的继电保护连接片等（包括填写前已断开、取下、解除的）注明编号	已执行
1	218 断路器	
2	2181、2182、2183、2187 隔离开关	
3	218 断路器Ⅰ、Ⅱ组直流操作电源空气断路器	
4	218 断路器储能电源空气断路器	
5	2181、2182、2183、2187 隔离开关电动操作电源空气断路器	
6	218 线路电压互感器二次空气断路器	
序号	应装接地线、应合接地隔离开关（注明接地线具体位置，并留出空位由许可人注明接地线编号）	已执行
1	2186 乙接地隔离开关	
2	2186 丙接地隔离开关	
3	2186 甲线路接地隔离开关	
序号	应设遮栏、应挂标示牌、防止二次回路误碰的措施	已执行
1	在 218 断路器，2181、2182、2183、2187 隔离开关操作把手上挂“禁止合闸，有人工作” 标示牌	
2	在 218 断路器下方挂“在此工作”标示牌	
3	在 218 断路器四周装设安全围网，并向内挂“止步，高压危险！”标示牌，将安全围网出入口设置在邻近道路旁，在安全围网出入口处挂“从此进出”标示牌	

表（续）

工作地点保留带电部分（或注意事项） 签发人或工作负责人填写	补充工作地点保留带电部分和安全措施 许可人填写
220kVⅠ、Ⅱ段母线、220kV 旁路母线、220kVⅠ段母线 TV、BL 间隔、220kV××线 214 间隔、220kV××线 2181、2182 隔离开关靠母线侧、220kV××线 2187 隔离开关靠旁路母线侧均带电	

二次工作安全措施票（票号）：________________

工作票签发人签名：×××　　　　　签发日期：××年×月×日×时×分

收到工作票时间：××年×月×日×时×分　值班人员签名：×××

6．确认本工作票 1～5 项

许可工作时间：_____年___月___日___时___分

工作许可人签名：____________　工作负责人签名：______________

7．工作人员变动：

增添人员姓名	日	时	分	工作负责人签名	离去人员姓名	日	时	分	工作负责人签名

8．工作负责人变动：

原工作负责人__________离去，变更____________为工作负责人

变动时间：_____年__月__日__时__分　　工作票签发人签名：____________

9．工作票延期：有效期延长到：_____年__月__日__时__分

工作负责人签名：____________　值长或值班长负责人签名：____________

10．每日开工和收工时间（使用一天的工作票不必填写）

收工时间				工作负责人	工作许可人	开工时间				工作负责人	工作许可人
月	日	时	分			月	日	时	分		

11．工作结束：设备及安全措施已恢复至开工前状态，现场已清理完毕，工作班人员已全部撤离。全部工作于____年__月__日__时__分结束。

工作负责人签名：______________　工作许可人签名：____________

12．工作票终结：临时遮栏、标示牌已拆除，常设遮栏已恢复。接地线编号_________________________等共___组、接地隔离开关（小车）共__________副（台）未拆除或拉开，已汇报调度。

工作许可（当值）人签名：______________时间：_____年__月__日__时__分

13．备注：

（1）检修工作中允许试分合的设备：

允许试分合的设备	解锁执行人	解锁时间	操作人	监护人	操作设备时间
		日 时 分			日 时 分
		日 时 分			日 时 分
		日 时 分			日 时 分
		日 时 分			日 时 分

（2）工作负责人指定专职监护人：

第一组________负责监护________________________________

第二组________负责监护________________________________

第三组________负责监护________________________________

（3）其他补充安全措施：详见《××班××变电站220kV××线218断路器大修安全质量控制卡》

____

（4）其他事项：释放220kV××线218断路器储能能量

____

____

14．交任务、交安全措施确认：我对工作负责人布置的工作任务及安全措施已明白无误，所有安全措施已能确保我的工作安全。

工作班人员签名：________________________________

____

____

____

15．评价情况：经检查本票为________票。存在________________________________

________________________________问题，已向____________指出。

检查人：________________

____年____月____日

4 现场勘察单

××电业局（供电公司）

变电设备现场勘察单

编号：××××××××××××

变电站	××变电站	现场勘察时间	××××-××-××
勘察人员	×××、×××		
工作内容	××变电站220kV××线218断路器大修		
现场工作需停电设备	××变电站220kV××线218断路器及线路转检修		
现场工作需采取的其他安全措施	详见《××变电站220kV××线218断路器大修》工作票安全措施及安全质量控制卡		
需提醒现场工作人员的注意事项	工作时加强监护，与220kV带电设备保持3.0m及以上安全距离		
施工使用大型起重吊车，重型运输车辆等，车辆通过路径勘查、起重吊车工作位置等（文字或画图说明）	根据现场制定定置图		
工作现场涉及设备电气一次主接线图	根据现场接线情况制定定置图		
部门审核：×××			

附　录　A
螺栓紧固力矩

附表 A-1　螺栓紧固力矩表

螺纹标准尺寸	紧固力矩（kg·cm）		紧固力矩（N·m）	
	标准的	特殊的	标准的	特殊的
M6	60	40	5.9	3.9
M8	140	80	13.7	7.8
M10	280	200	27.5	19.6
M12	480	350	47.1	34.3
M16	1200	870	118	85.3
M20	2200	1700	215	167
M22	3000	2200	294	216
M24	3900	2900	382	284
M30	7700	5300	755	520

附　录　B
常见故障分析及处理方法

附表 B-1　常见故障分析及处理方法

序号	故障现象	原　因	处理方法
1	操动机构不能自动储能	电动机控制回路低压空气断路器未合闸	检查低压空气断路器能否正常合闸
		电压过低	检查电源电压值
		电动机出现故障、碳刷损坏	更换电动机碳刷
2	电动机能运转但不能储能	压力释放阀在打开位置	合上压力释放操作杆
		空压机损坏	更换油泵
		油位过低	充油
		过滤器阻塞	更换过滤器
3	机构不能进行分合闸操作	操作电压过低	检查操作电压值
		分、合闸线圈损坏	更换分、合闸线圈
		辅助开关动作失效	更换辅助开关
4	操动机构锈蚀	加热器回路低压空气断路器未合闸	检查低压空气断路器
		加热器回路电压过低	检查加热器回路电压值
		加热器损坏	更换加热器
5	操动机构频繁打压（每天打压次数超过 5 次）	空气管路、压力释放阀密封部位泄漏	紧固空气管路接头或压力释放阀螺栓
		空气系统内部泄漏	检查确定泄漏部位后，如属零部件问题，且无法修复，可进行更换

附 录 C
机构箱吊装

（1）按照附图 C-1 位置起吊机构箱，平稳、缓缓地落到产品基础上，使各地脚螺栓均从安装孔中穿出。

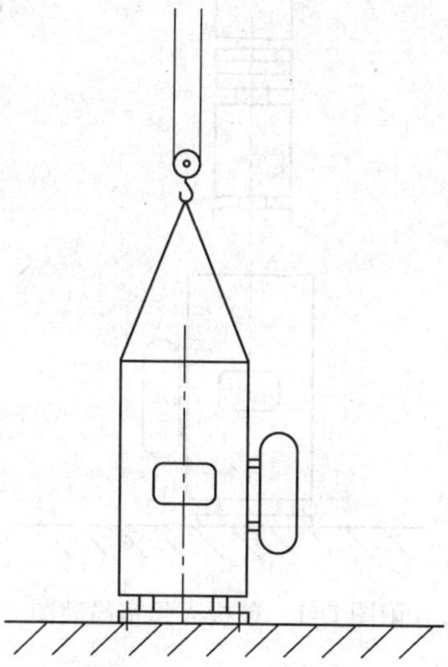

附图 C-1　机构箱吊装图

（2）紧固所有地脚螺栓，检查整个机构箱有无前后、左右倾斜。

（3）打开机构箱门和箱盖，拆去箱顶法兰上的保护盖板和软木橡胶垫，解开固定连板和气管用的压敏胶带，为后序工作做好准备。

（4）注意机构箱朝向并利用调整垫调整机构水平，并保证紧固可靠。

附 录 D
单极灭弧室吊装

（1）在单极灭弧室顶部对称系紧尼龙吊绳，利用灭弧室底部的保护弯板翻转本体至垂直状态。

（2）单极灭弧室竖直起吊后，观察其是否完全与地面垂直。如果完全垂直，取下保护弯板，解开保护阀门的小弯板和塑料薄膜，进行下部安装；否则进行调整，甚至重新起吊。单极灭弧室吊装如图附图 D-1 所示。

（3）吊装时应注意相序。

使灭弧室轴线与相应相序的机构箱顶板法兰中心线重合在同一轴线上，缓缓下落灭弧室，SF_6 阀门必须正对操作者，并小心落入机构箱内。再使 6 个 M16 的螺杆全部进入顶板法兰的相应孔内，并缓缓下落灭弧室，当距顶板法兰面 2～5mm 时停下。

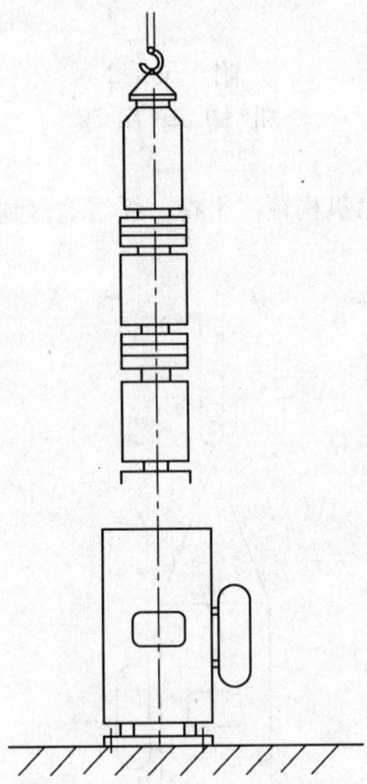

附图 D-1　单极灭弧室吊装图

附 录 E
灭 弧 单 位 组 图

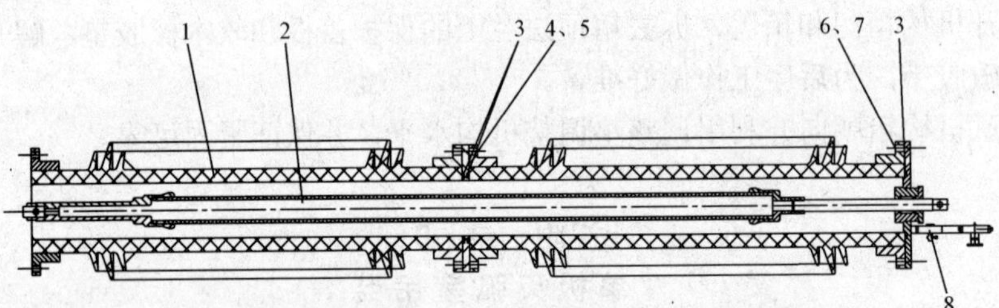

序号	代号	名称	台用量
1		支柱瓷套	
2		绝缘拉杆	
3	KA8	O形圈185×8.4	9
4	GB30	螺栓M16×90	18
5	GB97	垫圈 M16	18
6	KA11	螺杆M16×100	18
7	GB52	螺母 M16	18
8		阀门组件	3
	KA8	O形圈 22×2.4	15

附图 E-1　支柱绝缘子

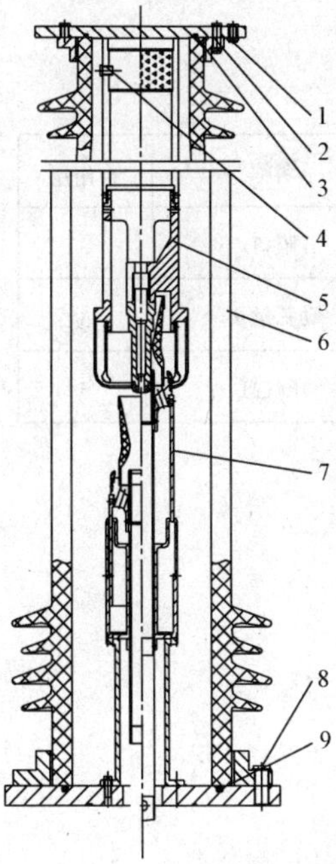

序号	代号	名称	台用量
1	GB30	螺栓M10×40	18
	GB52	螺母M10	18
2	GB30	螺栓M10×70	8
	GB52	螺母M10	8
	GB97	垫圈 16	8
3	KA8	O形圈245×8.4	3
4	GB30	螺栓M16×55	3
5		静触头部件	18
6		灭弧瓷套	18
7		动触头部件	3
8	GB30	螺栓M16×55	24
	GB97	垫圈 16	24
9	KA8	O形圈185×8.4	3

附图 E-2　灭弧单元

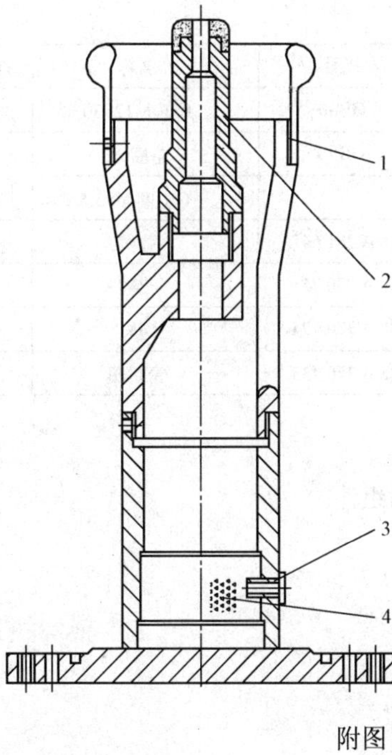

序号	代号	名称	台用量
1		静触头	3
2		静弧触头	3
3	GB30	螺栓M10×55	3
4		吸附剂	8

附图 E-3　灭弧室静触头

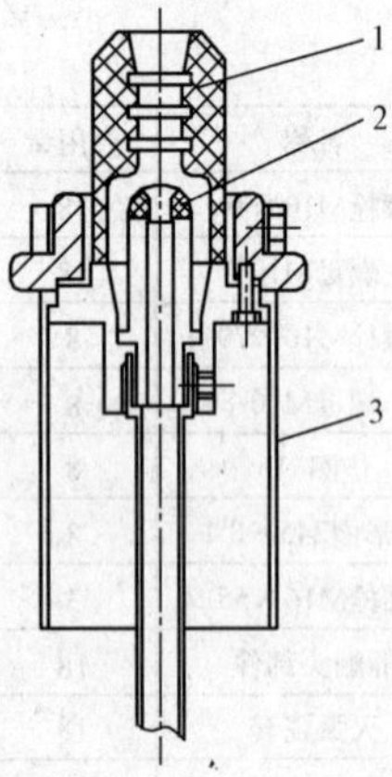

序号	代号	名称	台用量
1	8KA 425 014	喷口	3
2	5KA 551 619	动弧触头	3
3	8KA 451 126	压气缸	3

附图 E-4　灭弧室动触头

附　录　F
直动密封组件

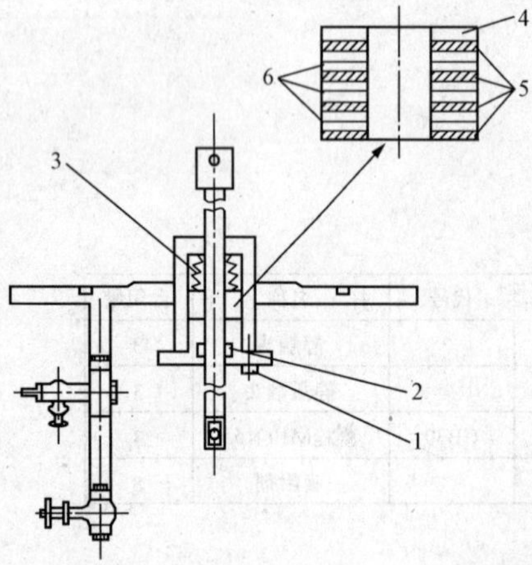

序号	代号	名称	台用量
1	GB30	螺栓M12×30	12
	GB97	垫圈 12	12
2		O形圈46×3.5	3
3	8KA 281 647	弹簧	3
4	8KA 950 711	垫	3
5	8KA 370 434	垫	12
6	8KA 370 433	密封圈	18

附图 F-1　直动密封组件

附 录 G
操动机构组

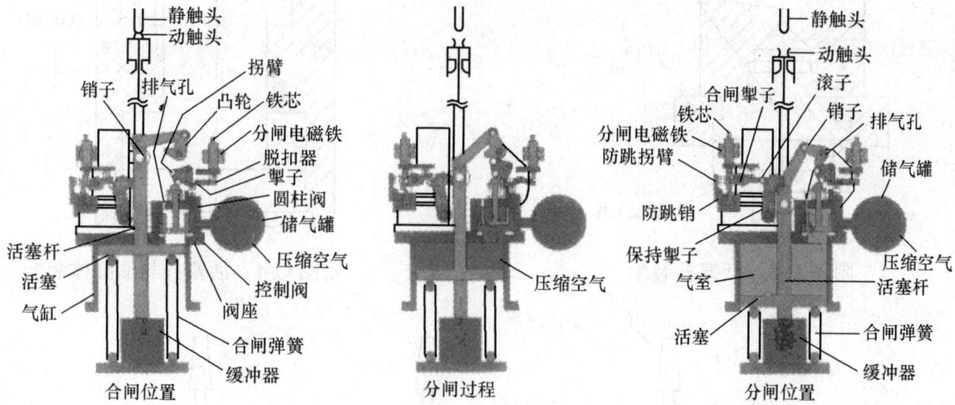

附图 G-1　气动—弹簧操动机构

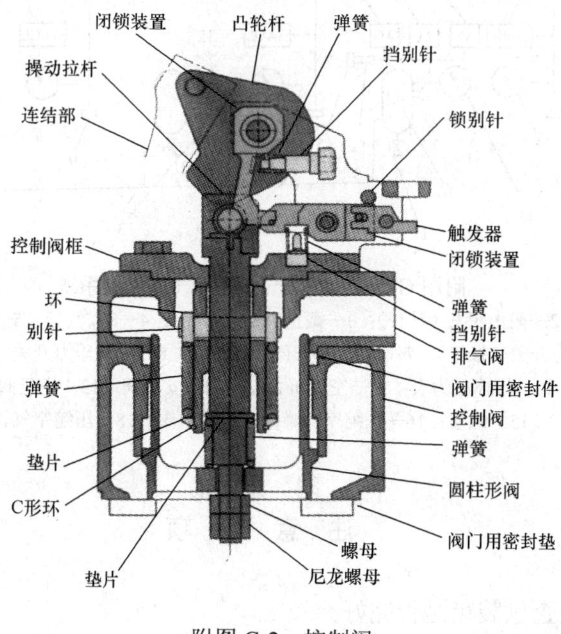

附图 G-2　控制阀

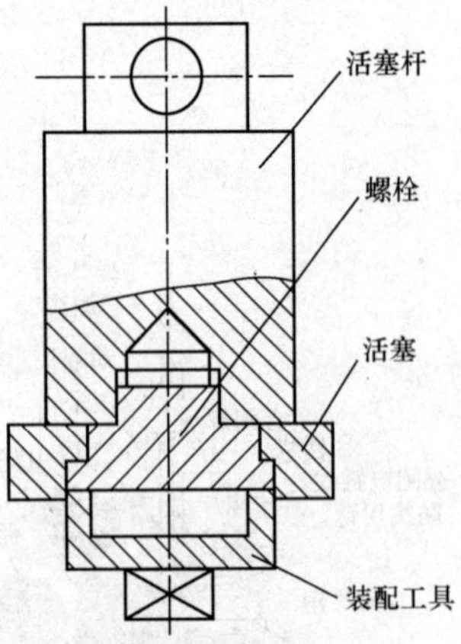

附图 G-3　活塞杆装配

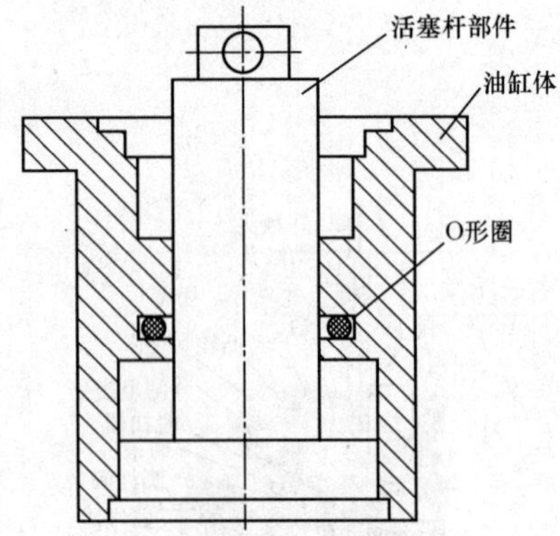

附图 G-4　活塞杆与油缸体装配

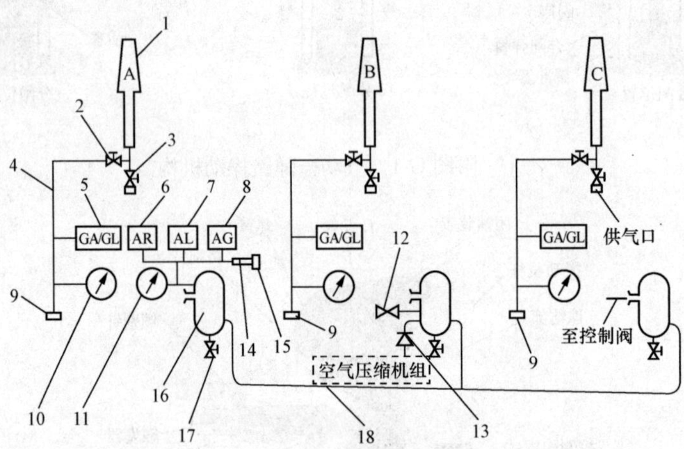

附图 G-5　压缩空气和 SF_6 气体监控系统

1—灭弧室；2—截止阀 E（常开）；3—截止阀 D（常闭）；4—SF_6 气管；5—气体密度开关；6—空气压力开关（报警）；7—空气压力开关（闭锁）；8—空气压力开关（空压机控制）；9—检查口；10—气体压力表；11—空气压力表；12—安全阀；13—逆止阀；14—排气管；15—螺塞；16—压缩空气罐；17—排水阀；18—压缩空气管

附　录　H
注　意　事　项

（1）开箱前先检查包装箱是否完好。

（2）开箱后按产品装箱单清点零部件数量，并且检查箱内零部件应无机械损伤。

（3）下雨天不得进行任何安装作业。

（4）搬运零部件应适当垫木块或橡胶垫。安装零部件、安装专用工具和辅消材料应用塑料薄膜衬底和覆盖。

（5）任何阀门不得随意拧动。

（6）吊装时，必须小心，防止绝缘子、操动机构及操作杆等发生碰撞。

（7）SF_6 密封部件，不可沾染任何灰尘，也不能有任何损坏。

（8）安装过程中对任何零件都要轻拿轻放，防止碰撞。

附　录　I
断路器试验项目和操作标准

附表 I-1　断路器试验项目和操作标准

√	序号	试验项目	试验方法	安全措施及注意事项	试验标准
	1	回路电阻测量	1．采用直流压降法，测试电流≥100A。 2．使用回路电阻测试仪测试，测量时，电流线夹在接线板的外端，电压线夹在接线板的内端	1．接线时应做好防止高空坠落措施。 2．高压试验前，应与其他班负责人互相协调，试验时应有专人监护，在进行高压试验后应对试品充分放电。 3．试验过程应有专人监护并呼唱，当出现异常情况时，应立即停止试验，断开电源，查明原因后，方可继续试验	主回路电阻：≤42μΩ； 导电回路电阻：≤40μΩ
	2	分、合闸线圈、电动机电阻测试	使用万用表进行测量	试验前应确认断路器控制电源已断开，机构能量已释放	合闸线圈：（33±3）Ω； 分闸线圈：（19±3）Ω； 电动机电阻：符合产品技术条件
	3	主回路绝缘电阻测试	1．应进行相间/相对地及断口的绝缘电阻测量。使用电压不小于2500V绝缘电阻表进行测试。 2．断路器处于合闸位置进行相间/相对地的测量，在进行相间测量时，应将非被试项接地。将断路器处于分闸状态，断口的一端短路接地，另一端进行绝缘电阻的测试	1．接线时应做好防止高空坠落措施。 2．测试完应充分放电。 3．试验过程应有专人监护并呼唱，防止其他人员误入试验区域。 4．注意绝缘电阻表转速应不低于120r/min	主回路合闸对地≥2000MΩ
	4	辅助回路绝缘电阻测试	使用电压为1000V绝缘电阻表进行测试	1．试验前应确认断路器控制电源已断开。 2．试验过程应有专人监护并呼唱，防止其他人员误入试验区域。 3．测试完需充分放电。 4．注意绝缘电阻表转速应不低于120r/min	辅助回路对地、电动机线圈对地≥2 MΩ
	5	合、分闸电磁铁的动作电压	采用可调式直流操作电源。将电压加至规定值，启动仪器，操作断路器	1．测试时，应防止串入站内运行直流系统。 2．测试过程应防止机械伤人。 3．核对试验接线准确无误。 4．试验过程应有专人监护并呼唱，当出现异常情况时，应立即停止试验，将电压归零，断开电源，查明原因后，方可继续试验	1. 合闸电磁铁在电源等于或小于66V时不应动作，在额定电源电压为176～242V范围内应可靠动作。 2. 分闸电磁铁在电源等于或小于66V时不应动作，在额定电源电压为143～242V范围内应可靠动作

附表 I-1（续）

√	序号	试验项目	试验方法	安全措施及注意事项	试验标准
	6	机械特性试验	断路器一侧断口及测试仪 N 端应良好接地。 将三相断口的信号接入到仪器的时间通道，用仪器上的直流电源串联在断路器的分、合闸控制回路，操作仪器测量三相的分、合闸时间、同期，合-分时间。 在断路器的传动杆上安装位移传感器用导线将信号接入仪器的速度测量通道，用仪器上的直流电源串联在断路器的分、合闸控制回路，操作仪器测量速度及行程曲线	1．测试过程应防止机械伤人。 2．测试时，应防止串入站内运行直流系统。 3．应检查控制回路接线。 4．试验过程应有专人监护并呼唱，当出现异常情况时，应立即停止试验	合闸时间标准：≤100ms； 合闸时间不同期标准：≤4.0ms； 分闸时间标准：≤25ms； 分闸时间不同期标准：≤3.0ms； 合闸速度 3.6～4.5m/s； 分闸速度 8.5～10.0m/s； 分、合闸行程曲线
	7	SF_6 气体微水、纯度检测	使用 SF_6 微水仪及 SF_6 纯度仪进行检测。将气体缓慢充进仪器，5min 后查验结果	1．试验过程时应操作人员应正确穿戴 SF_6 气体防护服、乳胶手套及防护面罩等劳保用品。 2．工作时应尽量站在上风口，不宜站在电缆沟等低洼地带	SF_6 气体含水量≤300 μL/L； SF_6 气体纯度≥95%
	8	1min 工频耐压测量（kV）	1．应进行相间/相对地及断口的工频耐压试验。 2．断路器处于合闸位置进行相间/相对地的工频耐压试验，在进行相间工频耐压试验时，应将非被试项接地。进行断口工频耐压试验时，将断路器处于分闸状态，断口的一端短路接地，另一端施加工频耐压值	1．试验过程应有专人监护并呼唱，防止其他人员误入试验区域。 2．测试完应充分放电。 3．检查试验接线正确无误。 4．试验过程中，当出现异常情况时，应立即停止试验，防止击穿。 5．接线时应注意将高压引线与地及周边的物体保持一定的安全距离	主回路合闸对地：395×80% kV； 主回路分闸断口间：395×80% kV； 控制回路对地：2kV； 辅助回路对地：2kV

思考与练习答案

1．答：原因有以下4个方面：

（1）速度是保证断路器正常工作和系统安全运行的主要参数。

（2）速度过慢，会加长灭弧时间，切除故障时易导致加重设备损坏和影响电力系统稳定。

（3）速度过慢，以造成越级跳闸，扩大停电范围。

（4）速度过慢，易烧坏触头，增高内压，引起爆炸。

2．答：（1）回路电阻测量。

（2）分、合闸线圈电阻测试。

（3）绝缘电阻测试。

（4）合、分闸电磁铁的动作电压。

（5）机械特性试验。

（6）SF_6气体微水、纯度检测。

（7）1min工频耐压测量。

3．答：六氟化硫电气设备内部含有有毒的或腐蚀性的粉末，有些固态粉末附着在设备内及元件的表面，要仔细地将这些粉末彻底清除干净。应用吸尘器进行清理，用于清理的物品需要用浓度约20%的氢氧化钠水溶液浸泡12h后深埋至地下3m。